Alexa Länge (Hrsg.)

Hoffnungsweise

18 wahre Geschichten

BRUNNEN
Verlag GmbH · Giessen

MIX
Papier aus verantwortungsvollen Quellen
FSC® C083411
www.fsc.org

www.brunnen-verlag.de
Umschlagfoto: Shutterstock
Umschlaggestaltung: Daniela Sprenger
Satz: DTP Brunnen
Druck: CPI – Ebner & Spiegel, Ulm
ISBN 978-3-7655-4317-3

Inhalt

Sigrid Röseler

Halte mich, Papa!

Es war an einem Sonntag. Ich machte mit meinem Freund gerade einen Waldspaziergang, als es plötzlich „dunkel“ wurde. Wie wenn jemand das Licht ausgeknipst hätte. Und auf einmal fragte ich mich: Haben wir uns nur zufällig kennengelernt? Warum ist heute Sonntag? Für wen stehen die Bäume hier? Ich war Anfang zwanzig, die Sonne strahlte am Himmel und in mir war auf einmal dieser Schrei nach Bedeutung: Wozu das alles? Nach welchem Plan funktioniert das Leben?

Bisher hatte ich mir über so etwas nie Gedanken gemacht. War ich vielleicht in eine verspätete Pubertät geraten? Meinen Freund habe ich jedenfalls völlig damit überfordert, wir trennten uns bald.

Und wieder spürte ich dieses grässliche Gefühl der Haltlosigkeit. Bisher war ich erfolgreich davor weggelaufen. Mit meinen Eltern hatte ich mich nie sonderlich gut verstanden, vor meinem Vater hatte ich sogar Angst. Wenn er getrunken hatte, war er einfach unberechenbar. Also nix wie raus aus dem Zuhause, am besten zu Freunden, auf die nächste Party. Denn trinken konnte ich auch! Und dann die Zigaretten. An denen konnte ich mich so gut festhalten.

Dann zog ich weg und trat meine erste Stelle in einer Werbeagentur an. In der neuen Umgebung hatte ich kaum

Kontakte und fühlte mich immer haltloser: eine Partnerschaft kam, eine andere ging. Kriegst du diesen Job oder jenen – alles egal. Es war furchtbar. Alles erschien mir sinnlos und unerheblich.

Eines Tages nahm sich mein Lieblingskollege aus der Agentur das Leben. Ich dachte: Aha, so geht's auch, und schluckte eine Ladung Schlaftabletten. Das hat mich dann in eine Klinik gebracht. An diese Zeit kann ich mich kaum erinnern – aber an eine Sache sehr wohl. Meine Zimmernachbarin gab mir ein Buch mit Weisheiten und Sprüchen, darin las ich: „Gottes Hände – könnte es sein, dass sie an deinen Armen sind?" Dieser Satz sprang mich förmlich an und war für mich ein völlig neuer Gedanke! Obendrein fing auch noch meine Schwester an, direkt mit mir über Gott zu sprechen. Aber die Einladung, Weihnachten bei ihr zu verbringen, nahm ich nur an, um an den Feiertagen nicht in der Klinik zu versauern.

Ich weiß noch, dass ich im Gottesdienst weinen musste, aber nicht mehr genau weswegen. Die Leute dort waren eigentlich gar nicht so übel. Die gingen ganz anders mit Problemen um, als ich es bisher kannte, irgendwie gelassener, vertrauensvoller.

Das machte so einen Eindruck auf mich, dass ich mir auch eine Gemeinde suchte. Ich lebte mittlerweile in Berlin und hatte mich aufgerappelt zu studieren. Meine Fragen hatte ich beiseitegelegt und dachte, jetzt würde alles besser. Doch dann verliebte ich mich in meinen Mitbewohner. Wir gingen eine katastrophale Beziehung miteinander ein. Er kiffte und entpuppte sich als Quartalssäufer, und mir wurde wieder einmal bewusst, wie haltlos ich war. Monatelang lebte ich in Angst und kam mir völlig verloren vor. Meinen ganzen Beziehungsstress mutete ich auch den Leuten in der Gemeinde zu, bis eine Frau mir auf den Kopf zu sagte: „Sigrid, du bist in Jesus doch eine völlig neue Person! Warum ziehst du dir diesen ganzen Mist überhaupt rein?“

Ich war ganz irritiert und dachte nur: Was will die bloß von mir?

Kurz danach hatte ich ein seltsames Erlebnis. Ich lag im Bett und auf einmal war es, wie wenn ich von oben, von der Zimmerdecke aus, auf mich herunterschaue und sehe, wie sich eine Trennlinie mitten durch meinen Körper zieht. Mir war sofort klar: Ich muss eine Entscheidung treffen, sonst gehe ich entzwei und sterbe!

Meine erste Entscheidung war, aus dieser Wohnung auszuziehen, und meine zweite Entscheidung, mich taufen zu lassen. Mit diesem Schritt habe ich auch ein kleines Wunder erlebt: Ich konnte buchstäblich nicht mehr rauchen. Ich hatte immer gern geraucht, weil es mir schmeckte. Aber jetzt steckte ich mir eine Zigarette an und mir wurde eiskalt und speiübel! Damals war mir noch nicht klar, dass dies ein Zeichen von Gott war: „Schau her, das ist meine Macht – und ich werde dich auch aus allen anderen Abhängigkeiten befreien.“

Diese Befreiung war bei mir ein Prozess. Ein Weg, auf dem sich mir einige Meilensteine besonders einprägten. So, wie Jahre später auf einer Konferenz, als mir plötzlich alle Kraft aus den Knien wich. Ich sank auf die Erde und hörte Gott sagen: „Weißt du denn nicht, dass du mir gehörst?“ Ich fing an zu weinen und zu zittern, als würde etwas aus mir „herausgeschüttelt“. Dabei schwitzte ich so sehr, dass mir das Wasser aus den Haaren lief. Dabei wurde ich wie von unsichtbaren Händen gehalten. Und dann spielte sich vor meinem inneren Auge etwas ab: Ich sah aus einiger Entfernung, wie Jesus mir an einem Altar seitlich gegenüberstand und mich anschaute. Ich hielt diesen Blick, diese Ehre, die er mir entgegenbrachte, kaum aus. Ich schaute zum Altar, wo „gefühlt“ die Präsenz Gottes, des Vaters, war. Es ging um die Verbindung zu ihm. Später entdeckte ich in der Bibel, dass Jesus uns als ein heiliges Geschenk vor den Vater hingestellt hat (Kolosserbrief 1,22). Immer hatte ich mich sinnlos an irgendetwas oder irgendwen verschenkt. Nun wurde ich Gott geschenkt. Das stellte meine Würde wieder her. Das gab mir Identität, Sinn und Halt. Heute darf ich „seine Hände“ an meinen Armen erleben: Ich muss mich nicht mehr haltlos an irgendetwas oder irgendwem festhalten, sondern ich kann Halt geben.

Gott als Vater kennenzulernen, war für mich die wichtigste und tiefste Erfahrung in meinem Leben. Dadurch konnte ich auch mit meinem irdischen Papa Frieden schließen.

Sigrid Röseler, geboren 1971, ist Redakteurin bei ERF Medien in Wetzlar. Dort moderiert sie die Sendung „Mensch, Gott!“ (www.menschgott.tv) und gibt Tipps als „ÜberLebensHelferin“ bei „Gott sei Dank“ (www.gottseidank.tv).

Michael Stahl

Ich lasse dich nicht fallen

Mitten in einer Veranstaltung, die ich moderierte, bat mich jemand nach draußen. Es war Ende Oktober 2010, als mich die schlimmste Nachricht meines Lebens traf. Menschen standen weinend vor mir und teilten mir unter Tränen mit, dass meine Frau und meine Tochter einen schweren Autounfall gehabt hatten, bei dem unsere Freundin an Ort und Stelle gestorben war.

Ich brauchte einige Zeit, um halbwegs zu verstehen, was man mir da sagte. In meinem Kopf herrschte Chaos. Meine Beine wurden schwer. Ich zitterte am ganzen Körper.

Auf meine Frage hin, was denn mit meiner Familie sei, berichtete man mir, dass sie noch lebten, als man sie ins Krankenhaus fuhr.

Ein Freund, der Polizist ist, bot mir an, mich ins Krankenhaus zu fahren, welches zwei Stunden von uns entfernt war. Irgendwie konnte ich doch trotz der Panik klar denken. Ich bestand darauf, dass ich selbst fuhr und dass er bei seinen Kollegen herausfinden solle, wie es meiner Familie ging und was überhaupt geschehen war.

So fuhren wir dann gemeinsam ins Krankenhaus. Die schlimmste Fahrt meines Lebens.

Gott hat uns nie versprochen, dass unser Leben glattläuft, aber dass er bei uns ist. Sein Name bedeutet: „Ich bin, der ich bin, der da ist.“ Diese Worte gingen mit mir.

Ja, selbst jetzt beim Schreiben spüre ich, der „Ich bin da" war da und ist eben jetzt da. Tränen füllen gerade meine Augen. In keiner Religion gibt es einen Gott, der uns aus Liebe, aus Sehnsucht nahe sein möchte. Manche Götter sind weit weg, die konnten mir nicht helfen, nur einer, der da ist. Manche glauben an ein „Es", doch wir brauchten das „Du", das da ist. Horoskope können auch nicht helfen, nur der, welcher die Sterne machte. Nur der, der uns verspricht: „Ich lasse dich nicht fallen und verlasse dich nicht", konnte mir in diesen Stunden Trost und Hoffnung schenken. So betete ich zwei Stunden lang immer und immer wieder folgende Worte:

„Jesus, ich will dich lieb haben, wenn es mir gut geht, ich will dich aber auch lieb haben, wenn es mir schlecht geht.

Will dich lieben, wenn du mir gibst, und will dich lieben, wenn du mir nimmst."

Als wir nach schier unendlich langer Fahrt im Klinikum ankamen, wusste ich bereits, dass meine sechzehn Monate alte Tochter nicht lebensbedrohlich verletzt war, dass aber meine Frau um ihr Leben kämpfte.

So stürmte ich in die Klinik. Das Erste, was ich meiner Tochter entgegenschrie, war: „Papa ist da."

An der Tür zum OP berichtete man mir, dass meine Frau nun eine mehrstündige Not-OP hatte und dass die nächsten Tage zeigen würden, ob sie es schaffte oder nicht.

Da stand ich nun, von vielen Menschen umringt und doch irgendwie allein. Aber Gott war da. Ich finde keine Worte, um all dies zu beschreiben.

Ein junger Mann, der bereits mehrfach den Führerschein weghatte, war an jenem Herbstmorgen mit doppelter Geschwindigkeit als erlaubt in das Auto meiner Frau gefahren.

Ich war so kraftlos, ich hatte nicht mal Energie, um wütend zu sein.

Nach vielen Stunden durften mein Schwieger-Dad und ich zu meiner Frau. Mein erster Satz war auch hier: „Ich bin da."

Er und ich beteten am Bett meiner Frau. Sie lag im Koma. Besonders der Psalm 91 wurde uns so kostbar. Ja, wir erlebten wirklich viele Wunder in dieser Zeit. Der Arzt, der bei uns stand, war sehr berührt und teilte uns mit, dass meine Frau sich über fünfzig Knochenbrüche zugezogen hatte, dazu kamen innere Verletzungen und etwa drei Liter Blutverlust.

Zu alledem trauerten wir um ihre Freundin, eine wunderbare Frau.

Nach etwa zwei Wochen war meine Frau endgültig „über den Berg".

Noch während meine Frau um ihr Leben kämpfte, hatte ich den Drang, den Unfallverursacher zu besuchen. Er war mit leichten Verletzungen zu Hause. Mitten im Bangen um das Leben meiner Frau stand ich vor der Tür dessen, der all dies durch seine Raserei verursacht hatte. Als er mir die Tür öffnete, erkannte er mich. Es war dunkel in seiner Wohnung, mitten am Tag waren die Vorhänge zugezogen. „Machen Sie mit mir, was Sie wollen", waren seine Worte, mit denen er mich empfing.

„Das ist gut", sagte ich, „dann werde ich für dich beten und dir vergeben."

Da saß er mir nun fassungslos an dem kleinen Esstisch gegenüber. Er meinte, dass er das nicht verstehe, dass er lieber sein Leben für unsere Freundin und meine Frau geben würde, und nun würde ich für ihn beten und ihm sogar vergeben.

Mitten in seine Verwunderung erklärte ich ihm, was in meinem Herzen war: „Ich habe kaum noch Kraft zu stehen. Jeden Augenblick habe ich das Gefühl umzufallen, und doch muss ich stehen bleiben, weitergehen und nicht aufgeben. Meine Frau und meine kleine Tochter brauchen mich. Wenn ich jetzt anfange, Kraft in Hass und Wut gegen dich zu investieren, dann werde ich kaum noch Kraft für meine Lieben und mich selbst haben. Ich vergebe dir nicht, damit du frei bist, sondern damit ich frei bin."

Ich habe nie Hass für ihn empfunden.

Meine Frau kämpfte sich ein Jahr mühsam ins Leben zurück. Die Wunden heilten, aber es blieben viele Narben. Noch heute begleiten mich diverse Ängste, doch mit all dem bin ich nie allein.

Während meine Frau um ihr Leben kämpfte, las mein Schwiegervater Psalm 91 vor. Er wandelte die Verse in die „sie"-Form um:

Gott sagt: „Sie liebt mich von ganzem Herzen,
darum will ich sie retten.
Ich werde sie schützen, weil sie mich kennt und ehrt.
Wenn sie zu mir ruft, erhöre ich sie.
Wenn sie keinen Ausweg mehr weiß, bin ich bei ihr.
Ich will sie befreien und zu Ehren bringen.
Ich lasse sie meine Rettung erfahren
und gebe ihr ein langes und erfülltes Leben!"

Was auch immer geschieht: „Ich bin da" ist immer da …
Wir haben es erlebt.

Michael Stahl, geboren 1987, ist Fachlehrer für Selbstverteidigung, Buchautor und Gewaltpräventionsberater. Er arbeitet u. a. in TV-Sendungen, an Schulen, in Heimen, Gefängnissen und Firmen und lebt in Bopfingen/Württemberg.

Maria Flachsbarth

Wie Jona im Bauch des Walfischs

Ich mag es drehen und wenden, das Ergebnis ist immer gleich: Bei großen Lebensentscheidungen bitte ich um die Hilfe Gottes. Ich bitte darum, auf seinen Wegen geführt und begleitet zu werden. Dieses Sicheinlassen und Vertrauen auf den „Ich bin da“ trägt mich durch gute und schlechte Zeiten, durch Zweifel und Ängste, in meinem beruflichen Alltag als Politikerin und in meinem ehrenamtlichen Engagement als Präsidentin des Katholischen Deutschen Frauenbundes.

Als Frau, die sich im christlichen Glauben beheimatet weiß, brauche ich in wichtigen Momenten meines Lebens Fingerzeige Gottes.

Ein solcher Moment war der, als die ursprünglich vorgesehene Kandidatin der CDU in Niedersachsen kurzfristig ihre Bewerbung für eine Bundestagskandidatur in meinem Wahlkreis zurückzog und ich – völlig überraschend – die Kandidaturanfrage bekam, verbunden mit der Aufforderung, mich innerhalb von zwei Tagen zu entscheiden.

Die Partei wollte unbedingt eine Frau, um für den sozialdemokratisch dominierten Wahlkreis einen guten Listenplatz über die Quote zu bekommen. Die Wahl fiel auf mich. Damit hatte ich nicht gerechnet. „Du liebe Güte!“, schoss es mir durch den Kopf. „Wie soll das denn gehen?“ Unsere beiden Söhne waren noch klein, erst acht und sechs Jahre alt. Konnte ich sie allein lassen, eine Wochenendmutter werden und meinem Mann einen großen Teil der Erziehungsarbeit überlassen?

Natürlich wusste ich, dass „meine Männer“ gut miteinander auskamen, es auch sitzungsfreie Wochen gibt, dass ich nicht nur in Berlin arbeiten, sondern auch zu Hause in Hannover und in meinem Wahlkreis sein würde. Aber sollte ich tatsächlich hauptberuflich Politikerin werden? Waren die Aufgaben und die Verantwortung nicht eine Nummer zu groß für mich? Klar, ich war gerne politisch tätig. Die Mitgestaltung der Gesellschaft, die Demokratie, das Engagement für Bürgerinnen und Bürger, für ein gutes soziales Leben, für Menschenwürde, Klimaschutz und erneuerbare Energien lagen und liegen mir am Herzen. Sollte ich diesen Schritt tatsächlich wagen? Ich spürte, dass ich Angst vor meiner eigenen Courage bekam. Wie sollte ich mich entscheiden, was in welche Waagschale werfen?

Am darauffolgenden Sonntag hörte ich im Gottesdienst die Geschichte von Jona im Bauch des Fisches. Der Prophet Jona erhält von Gott den Auftrag, nach Ninive zu gehen, dem heutigen Mossul im Irak, und der Stadt den Untergang anzudrohen, da sie nicht nach seinen Geboten lebt. Doch Jona hat Angst vor dieser Aufgabe, Angst vor der Reaktion der Bewohner von Ninive. Also begibt er sich auf ein Schiff und flieht.

Ein Unwetter zieht auf, das Schiff gerät in Not. Jona

wird als dafür Schuldiger angesehen und von der Besatzung über Bord geworfen. Ein großer Fisch verschlingt ihn und spuckt ihn nach drei Tagen unversehrt wieder an Land. Drei Tage hat er im dunklen Bauch des Walfischs gebetet und über sein Handeln nachgedacht. Zurück an Land erhält er von Gott erneut den Auftrag, nach Ninive zu gehen. Diesmal stellt er sich der Herausforderung.

Dieser Gottesdienst gab mir zu denken: War ich nicht in derselben Situation wie Jona, der sich aus Angst vor einer großen Aufgabe versteckte und dann auf ganz wundersame Weise genau dorthin gebracht wurde, wo er auf keinen Fall hingewollt hatte? Jona brauchte seine Walfisch-Lektion, um zu sich zu finden, um Selbstvertrauen und Kraft für eine Herausforderung zu bekommen, um zu spüren, dass es Einen gibt, der mit ihm geht, der ihn stärkt und führt. Er hat verstanden, dass er keine Angst vor dem Leben haben muss, auch wenn es schwierige Wege bereithält. Ich verstand die Jonageschichte als Ermutigung. Dieser Zuspruch erfüllte mich mit Zuversicht, die größer war als meine Angst, und der Gewissheit, nun die für mich richtigen Schritte gehen zu können. Im Vertrauen darauf habe ich Ja gesagt und kandidiert.

Alle Befürchtungen mit Blick auf meine Familiensituation, mein schlechtes Gewissen, die Karriere Kindern und Ehemann vorzuziehen, haben sich in der Folge zerstreut. In der Familie haben wir gemeinsam Lösungen gefunden und sind uns auch nach vierzehn Jahren Bundestag noch sehr nah – trotz „Berlin".

In der Zeit danach hat es verschiedene „Walfisch-Erfahrungen“ gegeben, zum Beispiel als der Katholische Deutsche Frauenbund (KDFB) mich 2011 fragte, ob ich mir eine Kandidatur für das Amt als Präsidentin dieses seit 1903 aktiven Frauenverbandes vorstellen könnte. Zusätzlich zu meiner hauptberuflichen Politiktätigkeit ein Ehrenamt in einem großen Verband annehmen? Gut, die Positionen und Vorstellungen des KDFB von einer gleichberechtigten Teilhabe von Frauen in Politik, Gesellschaft und Kirche deckten sich mit meinen. Aber wiederum: Würde ich den Erwartungen genügen? Wäre das Engagement in Einklang zu bringen mit Beruf und Familie? Die Erinnerung an Jona, seinen Aufenthalt im Bauch des Fisches und seine Kraft, als er wieder an Land war, haben mir bei meiner Entscheidung für den KDFB geholfen und ich habe sie nicht bereut.

Das Wissen, von Gott geliebt zu sein, stärkt mich auf meinen Wegen bei großen und kleinen Lebensentscheidungen und schenkt mir immer wieder Zuversicht und Mut.

Dr. Maria Flachsbarth, geboren 1963, ist Bundestagsabgeordnete der CDU/CSU-Fraktion und Parlamentarische Staatssekretärin im Bundesministerium für Ernährung und Landwirtschaft sowie ehrenamtlich Präsidentin des Katholischen Deutschen Frauenbundes e. V. (KDFB).

Silke Stattaus

„*Amazing Grace*“

Ich blicke zurück: ein Samstag mitten im Januar. Mein Mann und ich wollen in die Lausitz fahren. Wir freuen uns über eine Einladung, die uns unsere Kinder geschenkt haben. In dem 2014 uraufgeführten Musical „*Amazing Grace*“ wird unsere Schwiegertochter heute Abend eine wichtige Rolle singen.

Seit Tagen sind die Wettervorhersagen beängstigend. Eisregen soll kommen – von West nach Ost, quer übers Land. Ausgerechnet heute! Da wir in Richtung Osten fahren, ist es ratsam, die Wetterfront abzuwarten. Jede Stunde schaue ich auf den Regenradar in meinem Handy und beobachte das Wettergeschehen. Klar, wir könnten auch mit dem Zug fahren. Das wäre aber sehr umständlich und bei diesem Wetter auch ein Abenteuer.

Morgens zieht die warme Regenfront über uns hinweg und verwandelt den eisigen Boden in Sekundenschnelle in eine gefährliche Eisbahn. Am späten Vormittag hat sich die Luft so erwärmt, dass Tauwetter einsetzt. Unsere Kinder rufen in der Zwischenzeit an und beruhigen uns. Die Straßen sind frei. „Ihr könnt kommen.“

Wir packen also das Auto und los geht’s. Die Straßen sind in gutem Zustand, trotzdem fährt mein Mann vorsichtig. Er lenkt das Auto sicher. Doch plötzlich, in einem Waldstück, ist die Fahrbahn verharscht. Die Reifen greifen nicht mehr und bringen das Auto ins Schlingern. Wir rutschen auf die linke Straßenseite. Gott sei Dank kommt uns kein Auto entgegen. Mein Mann lenkt in die Gegenrichtung. Das Auto rutscht zurück. Es gibt kein Halten. Wir bewegen uns geradewegs in Richtung Straßengraben. Dort überschlagen wir uns und bleiben auf der Fahrerseite liegen. Alles geschieht gefühlt wie in Zeitlupe.

Nachdem wir uns sortiert haben, stellen wir beide fest: Uns tut nichts weh. Selbst der Airbag hat sich nicht entfaltet. Wir können uns mühelos bewegen. So öffnen wir die Beifahrertür. Schon sind viele Menschen zur Stelle. Sie helfen uns aus dem Auto. Einer hat inzwischen die Polizei gerufen. Ein anderer den Krankenwagen und die Feuerwehr. Ein freundliches Ehepaar ruft den Nachbarn an, der ein Abschleppunternehmen hat. „Er ist preiswerter als die anderen, die sonst immer kommen!“ Zwei Helfer haben die Elektrik am Auto abgeklemmt, damit nichts passieren kann. Ein Dritter stellt das Warnschild auf.

Nachdem wir versichern, dass es uns gut geht, bitten wir die Helfer, nach Hause zu fahren. Außerdem sind die Profis ja schon unterwegs. Aber sie bleiben. Sie koordinieren, was nötig ist, und geben uns das gute Gefühl: Ihr seid nicht allein.

Als das Krankenauto eintrifft, werden wir liebevoll betreut. Eine Untersuchung muss sein, daran führt bei so einem Unfall kein Weg vorbei. Meinem Mann ist es etwas mulmig. Er wird zur Kontrolle mit ins Krankenhaus genommen.

Dann ist auch der Abschleppdienst zur Stelle. Gekonnt

wird unser Auto auf den Transporter gehoben und in Sicherheit gebracht. Mir blutet das Herz. Totalschaden! „Unser schönes Auto!"

Ich übernehme das Gespräch mit der Polizei. Auch diese beiden Kollegen gehen freundlich mit mir um. Sie wissen, dass nach so einem Geschehen die Knie weich sind. Das Angebot, mich zu meinem Mann ins Krankenhaus zu bringen, nehme ich gerne an. Unterwegs kommen wir ins Gespräch: „Wohin wollten Sie denn eigentlich?", fragen sie.

Ich erzähle ihnen von unserer Einladung zu „*Amazing Grace*".

Ihnen tut es sichtlich leid, dass aus dem erwarteten Konzertbesuch nun nichts mehr wird. „Wollen Sie nicht doch noch hin?", fragen sie.

„Klar, wenn Sie uns mit Blaulicht dorthin fahren, dann schaffen wir das noch!" Da müssen wir lachen. Der Abschied ist herzlich und ich bin Gott so dankbar für diese freundlichen Menschen.

Dann rufe ich Freunde an und frage, ob sie uns am Krankenhaus abholen. Meinem Mann geht es inzwischen besser. „Natürlich – wo seid ihr? Wir kommen sofort." Wie gut, solche Freunde zu haben.

Abends, wieder zu Hause in unserer Küche, nehmen wir uns in die Arme. Langsam realisieren wir, was da mit uns geschehen ist. Wir haben ein handfestes Wunder erlebt. „*Amazing Grace*" wollten wir uns anschauen – „Wunderbare Gnade"! Jetzt wird uns bewusst, dass wir diese wunderbare Gnade auf ganz andere Weise erfahren haben. Wir dürfen gesund sein und leben. Und wir sind heute so vielen Menschen begegnet, die gut zu uns waren.

Und wie geht es uns inzwischen, ein knappes Jahr nach unserem Unfall? Die Spuren sind verschwunden. Die Rechnungen bezahlt. Ein anderes Auto steht vor der Tür.

Aber unsere Seele hat Kratzer bekommen. Ich ertappe mich beim besorgten Blick zum Wetterbericht. Bei der Frage, ob wir wirklich bei jedem Wind und Wetter Auto fahren müssen? Unser Vertrauen ist kleiner geworden, dass uns schon nichts passieren wird. Wir wissen: Uns kann doch etwas passieren. Und dennoch! Wem anderes als Jesus könnten wir vertrauen, dass er bei uns ist und uns bewahren kann? Dieses Wissen macht uns dankbar. Jeder bewahrte Kilometer ist ein Geschenk von ihm. Darum wollen wir uns die Erinnerung an diesen Samstagnachmittag im Januar bewahren, an dem wir Seine schützende Hand so nah gespürt haben.

Silke Stattaus, geboren 1957, ist gelernte Physiotherapeutin und leitet den Verein „Frühstückstreffen für Frauen in Deutschland". Neben ihrer Vortragstätigkeit arbeitet sie als Verlags- und Rundfunkautorin.

Ertan Cevik

„Lüg nicht, ich weiß, dass du in die Kirche gehst"

Mein Opa war Großgrundbesitzer in der Westtürkei und hatte viele Baumwollfelder. Dort, in der Nähe von Ephesus, wurde ich 1966 geboren. Meine Eltern arbeiteten in Opas Betrieb mit, bis er bankrottging, weil eine Überschwemmung zweimal die gesamte Baumwollernte vernichtete. Als Gastarbeiter übersiedelten sie 1971 nach Deutschland und nähten dort in einer Möbelfabrik im Akkord Überzüge. Erst als ich in die Schule und meine Schwester in den Kindergarten kommen sollten, holten meine Eltern uns nach.

In den ersten Tagen hörte ich immer wieder Glockenläuten und wunderte mich, dass es in diesem deutschen Dorf (wie in unserer Heimat!) Kamelringen zu geben schien. Daraufhin ging mein Vater mit mir zu einer Kirche und erklärte mir, dass ich die Glocken vom Kirchturm hörte, nicht von Ringkampfkamelen.

Gegenüber von uns wohnte ein christliches Ehepaar. Die Frau, Tante Gerty, schloss meine Schwester und mich sehr ins Herz. Sie schenkte uns Eis und andere Süßigkeiten und erzählte uns mit Flanellbildern biblische Geschichten. Wir waren total begeistert und lernten schnell Deutsch. Als wir anfingen, auch mit unseren Eltern nur noch Deutsch zu reden, gefiel ihnen das absolut nicht und sie schickten uns in die Türkei zu unseren Großeltern zurück. Von da ab durften wir nur noch in den dreimonatigen türkischen Sommerferien einige Wochen nach Deutschland kommen.

Mit dreizehn wechselte ich auf die türkische Mittelschule. Als ich kurz darauf in die Pubertät kam, schickten meine Großeltern meine Schwester und mich zu unseren Eltern nach Deutschland. Unsere Deutschkenntnisse hatten wir inzwischen wieder vergessen. Ich landete in der 7. Klasse, hatte gleich Diktat und schrieb nur ein einziges Wort richtig, nämlich „Vogel".

In dieser Zeit schickte mich meine Mutter, als einmal überraschend Besuch kam, zum Tante-Emma-Laden und sagte, ich solle zwei Hähnchen kaufen. Unterwegs sagte ich ständig „Hähnchen, Hähnchen" vor mich hin, aber als die Verkäuferin vor mir stand, waren die Hähnchen vergessen und ich stammelte: „Zwei Mädchen, bitte." Die Verkäuferin antwortete unfreundlich: „Hier werden keine Mädchen verkauft." Mir war das peinlich. Öfters wurde ich wegen meines ausländischen Aussehens ungerecht oder unfreundlich behandelt, was mir sehr wehtat.

Als ich sechzehn war, besuchte ich mit meinen Eltern eine befreundete türkische Familie nicht weit entfernt in Nagold am Schwarzwaldrand. Mir war stinklangweilig, also ging ich in die Fußgängerzone. Dort kamen drei Jugendliche auf mich zu und luden mich zu einer CVJM-Teestube ein. Unter CVJM konnte ich mir nichts vorstellen, aber Teehäuser kannte ich ja aus der Türkei. Bald wurde ich zum treuen Besucher dieser Teestube, wo nicht nur Tee getrunken, sondern auch Tischfußball und Schach gespielt wurde. Der nette Jugendreferent Wolfgang hielt immer eine kurze christliche Andacht. Eines Tages schenkte Wolfgang mir ein Neues Testament in türkischer Sprache. Ich als stolzer Türke ging gleich zur nächsten Buchhandlung, kaufte einen Koran in deutscher Sprache und schenkte ihn Wolfgang. Wir versprachen uns, die jeweilige Lektüre zu lesen und uns dann darüber auszutauschen.

In den ersten Gesprächen rühmte ich Mohammed als meinen Superpropheten, der viel kämpfte und Kriege führte. Wolfgang sagte: „Ertan, Jesus ist ganz anders, er war für den Frieden, hat nicht gekämpft und war voller Liebe für uns Menschen bis zu seinem Tod am Kreuz." Das konnte ich nicht verstehen, bis ich beim Lesen des Neuen Testaments auf die Geschichte mit der Ehebrecherin stieß, die von Pharisäern beim Ehebruch ertappt wurde und zum Tod durch Steinigung verurteilt werden sollte. Um Jesus in Schwierigkeiten zu bringen, fragten sie auch ihn, wie er diese Ehebrecherin bestrafen würde. Jesus sagte nur: „Wer ohne Sünde ist, werfe den ersten Stein." Und zu der Ehebrecherin sagte er, als alle Leute gegangen waren: „Geh und sündige nicht mehr."

Diese Geschichte beeindruckte mich sehr, denn in jener Zeit gab es im Iran viele Steinigungen. Zu diesem Jesus, der den Sündern vergibt und eine neue Chance schenkt, wollte ich auch gehören. Da ich vor der Reaktion meiner Eltern Angst hatte, ging ich in meinem Zimmer auf die Knie und bat Jesus, in mein Leben zu kommen. Von da an besuchte ich sonntagmorgens, wenn meine Familie noch schlief, in meinem Wohnort den christlichen Gottesdienst. Dort lernte ich einige Familien kennen und freundete mich mit ihnen an. Mit der Zeit blieb es meinem Vater nicht verborgen, dass ich sonntagmorgens das Haus verließ. Eines Tages wartete er nach dem Gottesdienst auf mich und stellte mich zur Rede. Ich behauptete, dass ich Freunde in der Nähe der Kirche hätte, aber mein Vater sagte: „Lüg nicht, ich weiß, dass du in die Kirche gehst. Ich verbiete dir, von nun an in die Kirche zu gehen, und du darfst erst ab zwölf Uhr das Haus verlassen."

Da ich noch nicht achtzehn und finanziell abhängig war, musste ich meinem Vater gehorchen. Die Christen an meinem Wohnort hatten jedoch eine Idee: Sonntags um vierzehn Uhr gab es eine Bibelstunde der Aidlinger Schwestern bei Böblingen. Als ich die Schwestern das erste Mal sah, mit ihren weißen Hauben und grauen Kleidern, fühlte ich mich schon komisch, aber ich wurde von allen sehr herzlich aufgenommen. Von da an zählte ich immer die Tage bis zum Sonntag. Aidlingen war ganze vierzig Kilometer von meinem Wohnort entfernt und so fuhren mich meine Freunde abwechselnd dorthin, Sonntag für Sonntag. Mein ganzes Leben werde ich das nicht vergessen.

Nach dem Abschluss der Hauptschule wollte mich mein Vater gleich in eine Fabrik schicken, damit ich schnell Geld verdiente. Dagegen wehrte ich mich, denn ich wollte erst eine Ausbildung machen. Als türkisches Gastarbeiterkind war das nicht einfach, aber ein Maler- und Lackierergeschäft im Nachbarort nahm mich schließlich an.

Nach der dreijährigen Ausbildung wollte mich der Chef einstellen. Aber ich hatte schon andere Pläne: Ich wollte eine Kurzbibelschule besuchen. Außerdem versuchte ich, in Abendkursen die Mittlere Reife zu machen, doch mein Vater war nicht bereit, das Auto für so eine „unnötige Schule“ zur Verfügung zu stellen. Ohne Auto war dort nicht hinzukommen – Mittlere Reife ade!

Als ich achtzehn wurde, gestand ich meinen Eltern, dass ich seit zwei Jahren sonntags nach Aidlingen fuhr und an Jesus Christus glaubte. Mein Vater war außer sich. „Ich bringe dich um!“, brüllte er. Dann rannte er in die Küche und kam mit einem Messer zurück. Meine Mutter ging dazwischen und schrie: „Junge, renn weg, sonst geschieht etwas Schreckliches!“ So verließ ich mein Elternhaus und kam erst einmal bei Freunden unter. Danach konnte ich die Kurzbibelschule besuchen und viel aus dem Wort Gottes lernen.

Während meiner Ausbildungszeit hatte ich ein deutsches Mädchen kennengelernt, das mir auf Anhieb sehr gefiel. Marlene und ich trafen uns heimlich, doch nach zwei Jahren hatten wir vom Versteckspiel die Nase voll. Wir fuhren nach Berlin, kauften beim türkischen Juwelier Ringe und verlobten uns in Kreuzberg ganz unromantisch unter einer Brücke. Wieder zu Hause, mussten wir es natürlich unseren Familien erzählen, und die flippten nicht gerade vor Freude aus. Besonders Marlenes Oma Lydia konnte es nicht fassen, dass ihre Enkelin mit einem Türken verlobt war. (Sie dachte, dass Marlene nach der Hochzeit jedes Jahr ein Kind bekommen müsse.)

Wenn Oma Lydia mir die Haustür öffnete, war sie abweisend und verschwand gleich wieder. Ihre Ablehnung ließ mir keine Ruhe. Eines Tages hatte ich eine Idee: Ich kaufte Rosen, und als Oma Lydia mir aufmachte, hielt ich ihr gleich den großen Strauß vors Gesicht, damit sie den Türken nicht sehen musste. „Oma Lydia, der ist für dich", sagte ich. „Was??", erwiderte sie ungläubig. „Gib den mal Marlene oder deiner zukünftigen Schwiegermutter." Ich antwortete: „Nein, der ist für dich, ich habe ihn ja nur für dich gekauft." Oma überlegte und nahm den Rosenstrauß. Dann sagte sie: „Seit zwanzig Jahren habe ich schon nicht mehr so einen schönen Strauß bekommen." Ab diesem Tag war das Eis zwischen Oma und mir gebrochen.

Mein Vater war ziemlich sauer, dass wir uns christlich und nicht nach seinem Wunsch muslimisch trauen ließen, und meine Tante sprach aus, was viele dachten: „Die trennen sich eh in zwei bis drei Jahren, hoffentlich haben sie keine Kinder." Marlene und ich sind nun seit neunundzwanzig Jahren verheiratet. Das Verhältnis zu meinem Vater hat sich nach der Geburt des ersten Enkels beruhigt. Wir haben drei Kinder: Unsere Tochter ist Rechtsanwältin geworden, unser ältester Sohn ist Tierarzt, unser jüngster Sohn studiert noch. Auch ich konnte später in der Türkei mein Abitur nachholen und mein Wunschstudium absolvieren.

Ertan Cevik, geboren 1966, ist Pastor der Baptistengemeinde in Izmir/Westtürkei und Präsident des Baptistenbundes in der Türkei.

Dorina Seitz

Schweigend

Als ich meinen Freunden eröffnete, dass ich ins Kloster gehen würde, erntete ich Verwunderung. „Aber du kommst wieder, oder?“

Ich gab ihnen mein Wort.

„Und was machst du da?“

Ich versiegelte mit einer stummen Geste meine Lippen und zuckte mit den Schultern.

„Oh. Und wozu?“ Die Frage war durchaus angebracht: Was suchte eine Plaudertasche in einem Schweigekloster?

Für die „Woche in Stille“ hatte ich mich eingeschrieben, weil ich dringend einen Ort zur Neujustierung brauchte. Es waren zu große Entscheidungen, vor die mich mein Leben stellte, und zu viele Fragen, die mir nachts den Schlaf raubten und die Kraft nahmen. Als hätte mein Gehirn sich überhitzt und mein Elan sich ausgebrannt. Gott, wofür das alles? Meine Perspektivensuche steckte in einer Sackgasse. Ich hatte mehr Zweifel als Antworten und das Gespräch mit Freunden und Bekannten hatte meinen inneren Wirrwarr aus Fragen nicht sortieren können.

Es fühlte sich deshalb an wie ein bedeutender Schritt, als ich meinen Rucksack in der kleinen, spartanischen Klosterzelle absetzte. Ein paar Möbel und eine Leselampe stellten das ganze Equipment, aber es war genau diese Form von äußerer Schlichtheit, die mir half, innerlich klarer zu denken. Bei der ersten gemeinsamen Mahlzeit im Schweigen kaute ich noch etwas verlegen an meinem Brot. Stille hat auch etwas Unbequemes, etwas Drängendes, wenn kein Small Talk peinliche Pausen überbrückt oder vom inneren Tohuwabohu ablenkt. Trotzdem wurden wir als kleiner Kreis schnell zu Verbündeten. Wir kommunizierten, ohne uns Rede und Antwort zu stehen. Im Vorbeigehen nickten wir uns ermunternd zu und folgten mit den Schwestern der Beständigkeit des liturgischen Tageslaufs mit bestimmten Gebeten und Texten zu jeder Tageszeit.

Davon abgesehen war es im Grunde nicht viel, was ich in dieser Woche tat. Ich stapfte durch die herbstlichen Weinberge um das Dorf herum. Wir entwickelten eine Zeichensprache, um den Abwasch zu regeln. Ich beobachtete die Amseln im Klostergarten, las Bücher, lauschte den eingängigen Gesängen und Gebeten. Saß eine Stunde lang über meinem dampfenden Tee und genoss die Sonne. Ich entwarf keinen Masterplan für meine Zukunft, ich stellte mein Leben nicht auf den Kopf und ich entschleierte nicht die großen Geheimnisse meiner Existenz.

Und doch, etwas in mir, ganz leise und behutsam, begann sich zu lösen. Die Stille fing an, mir etwas zu sagen! Der gleichmäßige Puls um mich herum eröffnete mir den Raum und den Schutz, den es brauchte, um die Sehnsucht nach Gott neu zu wecken. Ich erlebte, wie aus Stille allmählich Ruhe und aus Ruhe Frieden wurde.

Kann ich genau sagen, was meinen Blick so verändert hat? Vermutlich waren es vor allem die Begegnungen mit einer betagten Klosterschwester, die es sich zur Aufgabe gemacht hatte, uns in den Tag hinein zu begleiten. Jeden Morgen nach dem Gebet rief sie uns in der Wohnküche zusammen. Wir rückten die wackeligen Stühle über dem Steinboden zurecht und hörten zu. Ich habe immer noch ihren melodischen französischen Akzent im Ohr und spüre ihren wachen Blick auf mir. Wenn sie mit bewegter Miene zu erzählen begann, fingen ihre blauen Augen an zu leuchten. Ihre lebendige Gestik, mit der sie um die passenden Worte rang, täuschte über ihr Alter hinweg.

Nie habe ich jemanden mit so viel Wärme, so viel Frische und so viel Liebe von Jesus reden hören. Sie schaffte es, manchen oft gehörten Geschichten neue Erkenntnisse zu entlocken. Sie sprach davon, wie die Freundschaft mit Gott ihr Leben reich gemacht hatte, und diese Wirklichkeit schien durch ihr ganzes Wesen hindurchzustrahlen. Dieses Strahlen steckte an! An einem Tag war es nur ein Wort oder ein Satz, den sie uns zum Nachdenken mitgab, ein anderes Mal eine Ermutigung, eine Einladung zum Gebet oder einfach eine Tasse Kaffee und ein mitfühlendes Lächeln.

In dieser Woche hat sich mir nicht auf alles eine Antwort ergeben. Aber über manche Zerrissenheit hat sich ein Frieden gelegt, der mir die Kraft gab, mich meinen Entscheidungen zu stellen. Vielleicht ist mir auch ein bisschen Gelassenheit geblieben gegenüber dem, was sich mit dem Verstand nicht ausknobeln lässt. Wenn mich in der Alltagshetze die Hilflosigkeit überrennt oder ein neuer Umstand alles infrage zu stellen scheint, dann reicht manchmal ein Augenblick der bewussten Stille, um mich in die Klosterküche zurückzudenken. Was dann wieder aufleuchtet, ist der liebevolle Blick der französischen Nonne und eine Perspektive, die größer ist als meine Fragen.

Dorina Seitz, geboren 1994, ist Studentin und lebt derzeit in Rom.

Katrin Behr

Wenn du mich brauchst, dann ruf mich

Vor einiger Zeit wurde ich gefragt, ob ich für dieses Buch über meinen Glauben schreiben würde. Spontan sagte ich zu. Nun sitze ich hier und überlege mir, was ich schreiben könnte. Glaube ich an Gott oder doch an etwas anderes? Ich bin weder getauft, noch gehe ich regelmäßig in die Kirche. Als kleines Kind spielte ich oft mit Bildern von Engeln und redete mit ihnen. Doch dann geschah etwas Dramatisches in meinem kleinen Kinderleben: Ich wurde von meiner leiblichen Familie getrennt und verlor alles. Da stand ich nun, mutterseelenallein, und begriff nicht, was geschah.

Eines Tages war es so weit und ich redete für eine sehr lange Zeit ein letztes Mal mit dem Himmel. Ich kann mich noch sehr gut erinnern, dass ich nach oben schaute und mich bereits in meinem sehr jungen Alter bewusst von himmlischen Wesen abwandte. In meiner Verzweiflung schrie ich im stillen Zorn nach oben: „Es ist alles eine Lüge. Dich gibt es gar nicht!“ Es sollte sehr lange dauern, bis ich mich wieder für den Gedanken öffnete, dass es etwas gibt, was ich nicht mit meinem menschlichen Verstand definieren kann. Bis dato war ich tausendprozentig davon überzeugt, dass es keinen Gott oder irgendetwas anderes gibt.

Es geschah am 15. April 1996, meinem ersten Arbeitstag auf meiner neuen Stelle als Krankenschwester. Mein Herz gab kurz vor meinem neunundzwanzigsten Geburtstag auf. Ich hatte das Gefühl, keinen weiteren seelischen Schmerz mehr ertragen zu können. An diesem Tag verlor ich dreimal das Bewusstsein, mit erstaunlichen Erlebnissen. Das erste Erlebnis hatte ich noch im Büro. Ich sah mich, wie ich plötzlich ganz allein auf einem leeren Bahnhof stand. Alles war grau in grau und die Ansagen durch die vielen Lautsprecher waren sehr laut und nicht zu verstehen. Nachdem ich wieder zu Bewusstsein gekommen war, wollte mich mein Chef nach Hause schicken, damit ich mich etwas erholen konnte. Ich bestand jedoch darauf, dass ich die Tour mit meiner Kollegin mitfuhr, damit ich für den nächsten Arbeitstag wusste, wo alle Patienten wohnten. Wir fuhren gemeinsam los. Ich wartete immer im Auto, denn mein Kreislauf erholte sich nicht sonderlich. Während ich wartete, schaute ich in den Spiegel und erschrak vor mir selbst. Ich spürte, nachdem ich bei mir keinen Puls fühlen konnte, dass etwas ganz und gar nicht stimmen konnte, und ich betete zu meinem verstorbenen Adoptivvater, dass er mir bitte helfen solle. Als ich das zweite Mal ohnmächtig wurde, erlebte ich etwas Wundervolles. Ich stand plötzlich auf einer großen, sonnendurchfluteten Lichtung. Die Sonne schien extrem hell, ohne mich jedoch zu blenden. Das verwunderte mich. Überall waren Wald- und Wiesenblumen. Ich spürte dort zum allerersten Mal in meinem Leben pure Liebe. Eine Liebe, zu der wir Menschen nicht fähig sind. All meine Schmerzen und Leiden waren weg. Ich spürte weder Trauer noch das Alleinsein oder das viele, was mich sonst bis dahin mein ganzes Leben lang begleitet hatte. Alles in mir war frei, friedlich und so voller Liebe und Leichtigkeit. Ich spürte, ich war wieder zu Hause, wo auch immer das war. So ist es also, wenn man stirbt und woanders hingeht, dachte ich. Man braucht keine Angst vor dem Tod zu haben. Es tat nicht einmal weh. Plötzlich wurde ich aus diesem wunderschönen Zustand herauskatapultiert und vernahm die Stimme meiner Kollegin, die mich pausenlos ansprach, dass ich wieder zurückkommen solle. Da war ich wieder, im Hier und Jetzt. Sie fuhr mich umgehend zu einer Ärztin, die mich sofort ins Krankenhaus einwies. Mein Puls war auf dreiundzwanzig Schläge in der Minute abgefallen. Der Arzt in der Notaufnahme war sehr freundlich und versuchte, mich zu beruhigen. Dabei war ich gar nicht unruhig. Ich sagte ihm ständig, dass er mich sterben lassen solle, damit ich nach Hause konnte. Er hatte keine Ahnung, wie schön es ist, wenn man wieder zu Hause ist. In seinen Augen war ich wahrscheinlich nicht ganz bei Trost und verwirrt. Mit sanfter Stimme sagte er immer wieder zu mir: „Heute wird nicht gestorben."

Ich war zu schwach, um ihm zu erklären, was ich meinte. Er tröstete und lobte mich ständig, wie tapfer ich sei, während er mir einen Katheter durch die Halsschlagader einführte. Nachdem dieser endlich lag, kam ich auf die Intensivstation. Kaum war ich dort, wurde ich an sämtliche medizinischen Kontrollgeräte angeschlossen. Kurze Zeit später trat eine Traube von Ärzten und Schwestern an mein Bett, um meinen Fall zu besprechen und um mir zu erklären, dass jetzt von außen ein Herzschrittmacher angeschlossen wurde. Plötzlich hörte ich nur noch, wie jemand sagte: „Sie rutscht uns weg." Wo war ich? Ich schwebte über ihnen und sah meinen Körper unter mir im Bett, während sie mich wiederbelebten. Was passierte hier? Ein Mann neben mir, den ich erst jetzt bemerkte, sagte zu mir: „Du stirbst, wenn du nicht in deinen Körper zurückgehst."

Ich drehte mich zu ihm herum und erkannte ihn. Es war mein verstorbener Adoptivvater. Ich freute mich so sehr, ihn zu sehen, und erklärte ihm, dass ich nicht zurückwollte.

Er sprach sanft, aber eindringlich zu mir: „Katrin, deine Zeit ist noch nicht gekommen. Doch ich kann dich nicht dazu zwingen, dass du in deinen Körper zurückgehst. Willst du wirklich deine Kinder bei ihm alleine lassen?"

An meine Kinder hatte ich gar nicht gedacht und nein, bei ihm konnte ich sie nicht lassen. Meine Liebe zu ihnen war so groß, dass ich mich trotz meiner Verzweiflung dazu entschied, wieder in meinen Körper zurückzugehen.

Als ich wieder zu Bewusstsein kam, saß mein Vater auf meinem Bett. Er sah dieses Mal fast durchsichtig aus. Als er bemerkte, dass ich munter wurde, stand er auf und sagte zu mir: „Die Gefahr ist vorbei. Ich werde jetzt wieder gehen."

Er konnte mich doch nicht schon wieder alleine lassen! Ich fing an zu weinen. Mit sanfter Stimme sprach er weiter: „Willst du oder kannst du es nicht begreifen? Wann immer du mich brauchst, ruf nach mir und ich werde da sein.“ Er hatte den Satz kaum zu Ende gesprochen und schon verschwand er, so wie er gekommen war. Meine Gedanken und Gefühle waren völlig durcheinander. Was sollte das bedeuten: Wenn du mich brauchst, dann ruf mich und ich bin da? Er ist tot. Er kann nicht da sein, wenn ich rufe. Ich kann ihn nicht einfach anrufen und sagen, dass ich ihn brauche. Kurz darauf kam eine Schwester an mein Bett und fragte mich, ob ich Besuch gehabt hätte. Sie hätten Stimmen gehört. Ich weiß noch, dass ich spontan dachte, dass sie mich für verrückt erklären würde, wenn ich sagte, dass mein verstorbener Vater da gewesen sei. Ich habe Monate gebraucht, bis ich zum ersten Mal darüber sprach.

Fünfzehn Monate später nahm ich meinen verstorbenen Vater beim Wort. Kurz vorm Einschlafen betete ich zu ihm und sagte, dass ich seine Hilfe brauchte. Es ging um meinen kleinen Sohn und um eine gerichtliche Entscheidung, auf die wir sehnsüchtig warteten. Die Anspannung war sehr groß, und um uns etwas abzulenken, sind wir für ein paar Tage an die Ostsee gefahren. Da lag ich nun in meinem Bett und betete, was das Zeug hielt. Meine Antwort erhielt ich im Traum und der war so: Meine beiden Kinder und ich rannten um unser Leben. Wir waren in einem verlassenen Freizeitpark in Berlin. Nur wir drei und ein Mann, der uns im Traum verfolgte. Wir fuhren mit der Kindereisenbahn, und obwohl sie Schritttempo fuhr, konnte uns der Mann nicht einholen. Schnell stiegen wir aus und rannten weiter. Der Mann verfolgte uns weiter. Plötzlich sah ich einen dicken Busch am linken Wegrand und versteckte meine Kinder darin. Ich bat sie, dass sie sich ganz still verhalten sollten, da der Mann nur mich wollte. Sie blieben tapfer im Versteck und ich rannte weiter. Zwischendurch drehte ich mich immer nach hinten, um zu sehen, ob er an den Kindern vorbeirannte. Das machte er und ich war froh, dass es klappte. Ich rannte weiter und weiter. Es wunderte mich, dass er mich nicht einholte, obwohl er das kräftemäßig bestimmt gekonnt hätte.

Plötzlich war der Weg zu Ende und ich kam an einem eingerüsteten, leer stehenden Hochhaus an. So schnell ich konnte, stieg ich Etage für Etage an einer Leiter hoch. Immer schaute ich nach unten, um zu sehen, wie nah er schon an mich herankam. Es war merkwürdig: Sobald mein Fuß die letzte Sprosse verließ, löste sie sich auf, sodass der Mann nicht so schnell hinterherkam. Ich war kurz davor, auf dem Dach anzukommen. Doch ich konnte nicht mehr und musste anhalten, um Kräfte zu sammeln.

Plötzlich geschah ein Wunder. Eine große, starke Hand kam von oben herunter und wartete darauf, dass ich sie ergriff. Ich schaute nach oben. Dort stand ein weißhaariger Mann mit weißer, wehender Kleidung, zu dem die Hand gehörte. Er stand in einem hellen Licht. Ich nahm seine Hand und er zog mich zu sich hoch. Nach Luft ringend stand ich neben ihm und schaute nach unten, um zu sehen, wo der Verfolger war. Plötzlich sprach er zu mir und sagte: „Katrin, kannst du oder willst du es nicht begreifen?“ Was meinte er? Er sprach sanft weiter: „Ich habe dir schon einmal gesagt, wenn du mich brauchst, dann ruf mich!" Als er meinen Blick sah, lächelte er verschmitzt und sprach weiter: „Und was den da unten angeht, der wird dich nie einholen können." Ich wachte auf und dachte über den Traum nach. Wieso sagte der Mann so etwas zu mir? Ich kannte ihn gar nicht und außerdem hatte er mir das zum ersten Mal gesagt. Diesen Satz kannte ich dennoch. Mein verstorbener Adoptivvater hatte das auch zu mir gesagt. Am Frühstückstisch erzählte ich meinem Lebensgefährten von meinem Traum. Er meinte, dass ich von Jesus geträumt hätte. Ich: „So ein Quatsch. Ich glaube nicht an Gott oder so etwas." Damit war für mich das Thema beendet. Der Gerichtsbeschluss fiel zugunsten meines Sohnes aus. Es ließ mich trotzdem nicht ganz los. Gab es eine solche Kraft? Wie sollte ein Mensch wie ich jemals so einer Kraft vertrauen können? Abgesehen davon – wie viele Väter sollte ich noch haben? Einen leiblichen Vater, einen Adoptivvater und einen himmlischen Vater? Ich hatte mit zwei irdischen Vätern genug zu tun, und wie sollte da noch ein dritter, ein himmlischer Vater, Platz in meinem Leben haben?

Vielleicht war das alles auch nur Unsinn. Woher sollte ich wissen, was Einbildung war und was nicht? Ich konnte es nur herausfinden, indem ich mich näher damit beschäftigte.

Doch dafür sollten noch einige Jahre ins Land ziehen. 2006 fing ich an, die Predigten von Joyce Meyer im Fernsehen anzusehen. Kurz zuvor hatte ich unerwartet eine kleine Bibel geschenkt bekommen, die mir half, die angegebenen Bibelstellen nachzulesen. Ich wurde ruhiger. Plötzlich sah ich so viele Zeichen, die mich auf dem Weg begleiteten. In einer Bäckerei entdeckte ich auf einem christlichen Kalender den Spruch: „War der Tag nicht dein Freund, so war er dein Lehrer." Seit diesem Tag gibt es bei mir keine schlechten Tage mehr. Immer wenn ich eine komische Begebenheit erlebt hatte, fragte ich nach oben, was ich lernen sollte. Meistens kam intuitiv ein Gedanke wie: „Geduld. Vertrauen. Verständnis." Ich fing an, mit Gott zu reden wie mit einem Freund. Zuerst erklärte ich ihm, dass ich nicht wusste, ob es ihn tatsächlich gibt.

Als ich ihn 2007 erneut um etwas bat, erlebte ich wieder einen Traum. Vorher hatte ich ihn gebeten, mir zu zeigen, wie mein Lebensweg weiterging und wozu ich hier auf dieser Welt war. In besagtem neuem Traum forderte man mich auf, zum Grundbuchamt in Gera zu gehen. Ich wachte in der Nacht auf und meinte nur zu ihm: „Jetzt hast du mir aber einen Quatsch gezeigt. Ich weiß doch, dass ich enterbt wurde." Nachdem ich wieder eingeschlafen war, träumte ich den Traum weiter. Das habe ich in all den Jahren nur ein einziges Mal erlebt, dass ich einen Traum weiterträumte. Ich bekam die gleiche Nachricht wie vorher. Einige Tage später lief ich gerade in Gera am Grundbuchamt vorbei, da fiel mir mein Traum wieder ein. Spontan ging ich hinein. Dort saß eine ältere Dame, die sichtlich verärgert über meine Anfrage war. Die Information, die ich haben wollte, bekam ich allerdings nicht. So verließ ich das Amt, ohne etwas erreicht zu haben.

Ich schaute nach oben und meinte nur, dass ich seiner Bitte nachgegangen sei, aber keine Antwort erhalten hätte. Ich begab mich auf den Heimweg. Diese Straße bin ich oft entlanggegangen, ohne wahrzunehmen, dass dort ein Notar sein Büro hatte. Doch an diesem Tag nahm ich es wahr und ging kurz entschlossen hinein, um mein Anliegen vorzutragen. Nach einer Woche hielt ich das Papier in den Händen. Da stand es schwarz auf weiß, dass meine Adoptivmutter mich niemals als ihr Kind angesehen hat. Sie hat das Haus mit komplettem Grundstück ihrem leiblichen Sohn übertragen, und zwar zu dem Zeitpunkt, als ich sagte, dass ich wieder nach Gera zurückkommen würde. Nach Ablauf von zehn Jahren würde das Haus nicht mehr in die Erbmasse gehören. Das war nicht das Schmerzhafte, sondern dass ich nie ihr Kind war, obwohl ich es durch die erfolgte Adoption bin.

Es ist etwas anderes, wenn man bestimmte Dinge erahnt oder wenn man sie in ausgedruckter Version sieht. Als ich im Treppenhaus des Notars stand, kullerten mir die Tränen herunter und ich schwor mir, dass ich jetzt herausfinden wollte, wessen Kind ich wirklich bin. Ich begann, mich mit meiner Vergangenheit zu beschäftigen, gründete zwei Internetportale und fing an, das Thema DDR-Zwangsadoptionen im großen Stil in die Öffentlichkeit zu bringen. Ich hatte keinen Plan, wusste nicht wie und vertraute einfach darauf, dass alles seine Richtigkeit hatte. In der Folge öffneten sich für mich Türen, die ich vorher nie gesehen hatte, mein ganzes Leben veränderte sich. In Interviews habe ich immer davon berichtet und gesagt, dass ich nur die Ausführende war, aber das ganze Projekt durch göttliche Fügung entstand und lebt. Im Übrigen bekam ich all das, worum ich Gott an dem Abend im Jahr 2007 gebeten hatte. Damals hatte ich um Arbeit gebeten, um ein gutes Team und um eine sinnvolle Aufgabe in meinem Leben, mit der ich anderen helfen konnte. Zu dem Zeitpunkt ging es mir nicht wirklich gut. Jetzt bekam ich eine Arbeit, die sinnvoll ist. Ein Arbeitsteam, welches wie eine große Familie ist. Eine Lebensaufgabe, mit der ich anderen helfen kann und durch die ich erkannte, dass meine Erlebnisse in der Kindheit nicht komplett sinnlos waren.

Wenn Sie mich heute fragen, ob ich an diese göttliche, universelle oder allmächtige Kraft glaube, dann antworte ich mit Ja. In diesem Sinne wünsche ich Ihnen Gottes Segen,

Ihre Katrin Behr

Katrin Behr, geboren 1967, wurde im Alter von vier Jahren in der DDR ihrer Mutter weggenommen, in einem Heim untergebracht und zwangsadoptiert. Heute leitet sie den Verein „OvZ-DDR e.V. – Hilfe für die Opfer von DDR-Zwangsadoption“ in Berlin.

Sabine von Heyking

Grenzgespräche

„Eher geht ein Kamel durch ein Nadelöhr, als dass ein Reicher in den Himmel kommt“ (Markus 10,25). Auch auf mein Leben traf diese Aussage zu, aber bei Gott ist nichts unmöglich.

Ja, ich bin reich aufgewachsen. Nicht im Sinne von viel Geld, aber unbeschwert, behütet, christlich und sorglos in einer Umgebung mit viel Freiraum und liebenden, fürsorglichen Eltern. Lange Jahre war ich das Nesthäkchen nach drei Geschwistern, bis ich dann mit zwölf Jahren selber ältere Schwester wurde.

Mein Ruf war der: Wo die Bine ist, da ist was los. Meine älteste Schwester sagte, ich war wie ein bunter Schmetterling, flatternd von einer Blüte zur anderen. Viele Freunde, viele Feste, viele Unternehmungen, viel Spaß, viel Glücklichsein!

Nach dem Abitur machte ich eine Ausbildung in München, ich lernte meinen Mann kennen, wir heirateten, bekamen drei Söhne und mein Leben blieb glücklich.

Es ist noch heute so. Aber irgendwie doch ganz anders. Klar gab es Tiefpunkte, Durststrecken, geplatzte Träume, Niederlagen, schmerzhafte Erfahrungen und große Kämpfe. Rückblickend waren das alles wichtige Etappen in meinem Leben, das heute gerade dadurch tief gesegnet und sinnvoll ist.

Denn 2001 gab es eine Wendung. Bei einem ALPHAkurs vom CVJM wurde ich Christin. Seither passiert viel – jetzt mit Jesus im Alltag. Ein Leben mit Gott ist voller Überraschungen. Nie hätte ich mir das so vorstellen können.

So hat er nicht nur unsere Ehe heil gemacht, sondern hat mich, angeregt durch meine Schwester, mit einer Aufgabe betraut, die ich bestimmt nicht auf meinem Radar hatte – damals als Schmetterling. Ich entschloss mich, eine kurze, sehr intensive Ausbildung zur freien Trauerrednerin zu machen. Seit Januar 2011 bin ich als solche unterwegs.

Ja, ich bin dankbar für den Verdienst. Aber ausgerechnet ich mit meiner „Ich will Spaß und geb Gas"-Geschichte wurde auf so ein ernstes Thema „angesetzt"?! Ja, ich bin sicher, das war Gottes Wille.

Der Tod ist in unserer spaßorientierten Gesellschaft nach wie vor etwas Rätselhaftes, ein Tabu. Etwas, was vielen Menschen Angst macht.

Und die Menschen, die mit dem Tod konfrontiert werden, sind in einer Grenzsituation und brauchen Unterstützung und Trost. Das ist mein Thema. Ich will den Trauernden wieder ein bisschen Lebensfreude und Zuversicht vermitteln und, wenn sie es zulassen, den Himmel öffnen.

Wie läuft das ab? Wenn wie häufig kein Pfarrer erwünscht ist, wird ein Trauerredner angefragt. So komme ich meist in ein atheistisches oder zumindest säkulares Umfeld.

Vor der Trauerfeier findet ein etwa ein- bis zweistündiges Gespräch mit den Hinterbliebenen statt.

Dabei geht es um die Todesumstände. Diese sind vielfältig, leider kommt sehr oft Krankheit vor, gelegentlich aber auch Suizid, Tod von Kindern oder Jugendlichen, Unfälle und auch Mord.

Mir ist es wichtig, viel über das Leben des Verstorbenen zu erfahren: Kindheit, familiäre Umstände, Beziehungen, Hobbys, Eigenheiten … Nach diesen Fragen versuche ich das Gespräch auf den Glauben zu lenken. Fragen nach dem Woher und Wohin? Was kommt nach dem Tod? Gibt es Gott?

Ein guter Einstieg ist die Frage, ob am Ende ein Vaterunser gesprochen werden soll. Die Menschen reagieren unterschiedlich, aber die meisten haben zumindest nichts dagegen.

Damit versuche ich, den Blick auf die Angehörigen zu lenken, denn um die Verstorbenen geht es dann nicht mehr. Ab und zu kann ich ganz konkret fragen, ob sie an ein Wiedersehen nach dem Tod glauben, an den Gott der Christen.

Ohne Hilfe des Heiligen Geistes kann ich sowieso nichts tun. Er schenkt mir Geistesgegenwärtigkeit und Geistesblitze.

Ihn brauche ich, um in den Gesprächen Nuancen und Bemerkungen zu hören, damit ich in der Rede Gott erwähnen kann, ohne den Angehörigen zu nahe zu treten. Es ist mir wichtig, auf Jesus hinzuweisen, denn ich bin überzeugt, dass man ohne ihn verloren, trostlos und hoffnungslos bleibt.

Manchmal spüre ich auch eisige Verschlossenheit und

Ablehnung der Kirche und Gott gegenüber, das respektiere ich selbstverständlich.

Einige Schicksale sind dramatisch.

Da war Brunhilde, geboren 1931, die von ihrem Pfarrer misshandelt wurde, weil sie einen heidnischen Vornamen trug. Kirche war daraufhin ein rotes Tuch für sie. Aber sie hat ihren Glauben nie aufgegeben.

Oder die jungen Eltern des schwerstbehinderten Aaron, der mit vierzehn Monaten starb und die sofort klarmachten, dass sie keine „christlichen Vertröstungen“ haben wollten.

Oder die Zwillingsschwester und Familie von Justin (geboren 1991), der sich und seinen Freund an einen Baum fuhr.

Die Familie des Mordopfers.

Die Reihe ließe sich lange fortsetzen. Es gibt ernüchternde, aber auch Mut machende und hoffnungsvolle Erlebnisse.

Manchmal werde ich konkret von Christen angefragt, das macht mir die größte Freude.

Ich bete jedes Mal für die Menschen, bevor ich zum Rednerpult gehe, das ist mir wichtig.

Nie im Leben hätten meine Freunde und auch meine Familie es für möglich gehalten, dass die „kleine Turbine“ einmal frei vor fremden Menschen reden könnte – und dann auch noch zu einem so ernsten Thema.

Ja, bei Gott ist eben nichts unmöglich. Er ist mein Auftraggeber und dafür bin ich zutiefst dankbar.

Ich vertraue ihm und habe erfahren: „Ich weiß, dass

mein Erlöser lebt“, deshalb bin ich reich, das heißt gesegnet, und diesen Segen möchte ich weitergeben. An trauernde Menschen, deren Leben zerbrechlich geworden ist.

Sabine von Heyking, geboren 1965, ist Trauerrednerin, Referentin, Paarberaterin und ehrenamtliche Hospizbegleiterin. Sie lebt in München.

Nathanael Draht

Leben auf der Überholspur

Mein Name ist Nathanael Draht. Aufgewachsen bin ich in einer sogenannten christlichen Familie. Das bedeutete Geschichten von Mose und Jesus vorm Schlafengehen und Gottesdienst am Sonntag. Als Teenager kamen mir beim Beobachten der „Christen" einige Fragen: Warum wurden gewisse Dinge gepredigt, die doch ganz offensichtlich im Alltag gar nicht umgesetzt wurden? Warum scheiterte eine Ehe nach der anderen? Warum sah ich bei „Christen" Gemeinheit, Geschrei, Zank und Abwertung anderer? Warum kamen mir Pastoren und geistliche Leiter wie linke Vögel und Heuchler vor? Warum stellten sich Menschen hin und behaupteten, Gott würde regelmäßig zu ihnen reden, wo doch ihr Handeln egoistisch und boshaft war und den eigenen Vorteil suchte?

Ich für meinen Teil habe in der Kirche Gott nicht finden können. Mein letztes Gebet, das ich während meiner Abiturzeit sprach, lautete sinngemäß: „Gott, ab sofort soll alles, was ich tue, auf mich selber, auf meine Kraft, auf meinen Verstand gegründet sein. Ich habe noch nie etwas von dir bekommen, dich noch nie gehört und will mit diesen Heuchlern, die sich Christen nennen, nichts zu tun haben. Ich werde all diesen Fehlgeleiteten beweisen, dass ich es ohne Gott schaffe."

Ich fing an, Maschinenbau zu studieren, und gründete

2002 eine eigene Firma für Wasserkühlungen für Computer. An der Uni fand ich viele neue Freunde und Partybekanntschaften, wir feierten und gaben Vollgas. Alkohol wurde unser bester Freund, bald kamen andere Einstiegsdrogen dazu.

Mit der Firma ging es steil aufwärts, 2007 wurden wir Marktführer in Deutschland, 2009 Marktführer in Europa. Um mich herum ging ein Konkurrent nach dem anderen pleite. Ohne Startkapital aus dem Bastelkeller innerhalb von vier Jahren zum Millionär!

Ich lebte ein Leben auf der Überholspur. Es gab niemanden, der mir Grenzen setzte. Zudem schaute ich auf andere, wie Kriminelle, Behinderte, Schwächlinge, Dumme, Naive – wie ich sie nannte –, herab und fühlte mich auf der Gewinnerseite ganz wohl. 2009 kaufte ich mir ein Haus und kurz vor meinem dreißigsten Geburtstag erfüllte ich mir den Traum eines Audi S5 Cabriolet Sportwagens.

Mein Leben war also von krassen Adrenalin- und Drogenevents geprägt. Ich hatte die Lebensziele erreicht, die uns unsere Gesellschaft vorlebt: Ich war reich, gesund, sportlich, gut aussehend, eloquent, intelligent, einfallsreich, ich hatte Macht, ein hohes Ansehen („Der König von Schloss Holte"), Zugriff auf Alkohol und andere Drogen, Spaß mit Frauen und Party, wann und wo immer ich wollte.

Doch ich war nicht glücklich.

Früher hatte ich geglaubt: Wenn ich erst mal Millionär bin, wenn ich meinen Sportwagen habe, wenn ich Macht und Ansehen habe, wenn mir die Frauen nachlaufen, wenn mich die Menschen beneiden und verehren, dann bin ich glücklich.

Jetzt hatte ich das alles und verstand nicht, warum ich innerlich immer leerer wurde.

Dann fand ich in meinem Barfach eine Bibel. Plötzlich fragte ich mich: „Was ist, wenn die Bibel die Wahrheit wäre?“ Als ich dann das Matthäusevangelium und die Apostelgeschichte las, stellte ich fest, dass die Kirche, die ich bisher kannte, absolut keine Übereinstimmung mit der Gemeinde der ersten Jünger hatte.

Vielleicht zwei Wochen später fragte mich mein Bruder, ob ich mitkommen wollte, um meine Oma im Krankenhaus zu besuchen. Sie hätte eine schwere Operation vor sich und dies könnte die letzte Gelegenheit sein, sie zu sehen. Vorher wollte er in der Nähe des Krankenhauses noch eine Kirche besuchen. In den letzten fünfzehn Jahren war ich nur an Heiligabend meiner Mutter zuliebe in die Kirche gegangen und hatte es jedes Mal zum Kotzen gefunden. Trotzdem sagte ich zu.

Während des Lobpreises überkam mich ein Gefühl, als ob es mein Herz zerreißen würde. Dann erzählten zwei Missionare, was sie mit Gott erlebt hatten, wobei ihre Gesichter anfingen zu leuchten. Ich war schwer bewegt und wollte die beiden wiedersehen. So fuhr ich am folgenden Donnerstag mit zu einem Missionsfest nach Velbert bei Essen, wo der bekannte Evangelist Reinhard Bonnke predigen sollte. Als er anfing zu sprechen, war dieses Gefühl wieder da und ich war mir sicher: Das konnte nur Gott sein. Und so stellte ich Gott eine Frage. „Warum bin ich so reich?“ Der nächste Satz, den Bonnke sagte, beantwortete diese Frage prompt. Gleichzeitig kam ein Lichtstrahl vom Himmel und ich erhielt mit einem Mal so viele Antworten in mein Gehirn, als ob jemand mir ein halbes Buch vorlesen würde. Ich sank unter Tränen in meinen Sitz. Als ich mich nach einigen Minuten wieder berappelt hatte, stellte ich Gott nach und nach alle Fragen (Welthunger, warum greift Gott nicht ein, freier Wille, andere Religionen usw.), die ich ihm schon immer hatte stellen wollen. Auch darauf gab er mir sofort Antwort.

Am Ende der Abendveranstaltung rief Bonnke dazu auf, auf Gott zu reagieren und nach vorne zu kommen. Ich wusste, dass ich die Versöhnung mit Gott durch Jesus Christus brauchte. Während ich ein Gebet nachsprach, sah ich ein Loch im Dach des Gebäudes und konnte in Gottes Himmel schauen. Ein großer Lichtstrahl traf mich, und in diesem Moment waren alle Sünden, die ich jemals getan hatte und tun würde, von Gott vergeben. Wenige Sekunden später fächerte sich der Lichtstrahl von mir nach hinten auf, und in diesem Moment habe ich allen Menschen vergeben, die mich jemals verletzt hatten. Ich war frei und ich wusste: Ich war ein neuer Mensch geworden.

Seit dem 13. Mai 2010 hat sich mein Leben radikal verändert. Es ist, als würde die Apostelgeschichte heute fortgeführt. Ich durfte innerhalb weniger Wochen Heilungswunder, Sprachengebet, prophetische Eindrücke und Bilder, starke Gebetszeiten und eine einschneidende

Veränderung meines alten Charakters erleben, wobei das Letztgenannte ein noch immer andauernder Prozess ist.

In meiner Firma war nun nicht mehr ich der Boss, sondern Jesus. Jegliche Aktivitäten in der rechtlichen Grauzone wurden eingestellt und eine neue Führungskultur etabliert: Die Aufgabe eines Vorgesetzten sehen wir darin, für die ihm anvertrauten Menschen ein Arbeitsumfeld zu schaffen, indem diese sich bestmöglich entfalten können. Wir sagen die Wahrheit, untereinander und gegenüber unseren Kunden und Lieferanten. Wenn jemand einen Fehler macht, dann wird das zugegeben und ihm vergeben. Mobbing hat keinen Platz bei uns.

Meine Dankbarkeit für den stellvertretenden Tod von Jesus am Kreuz ist unverändert tief.

Jesus starb, damit ich eine lebendige Beziehung zu Gott haben kann und damit meine Sehnsucht nach dem Sinn im Leben und der Frage nach dem, was nach dem Tod passiert, endgültig befriedet wird. Jesus ist durch den Heiligen Geist heute real erfahrbar und seine Kraft ist ungebrochen. Alle Ehre gebührt dem Herrn allein!

Nathanael Draht, geboren 1979, Dipl.-Ing. Maschinenbau, ist Inhaber und Geschäftsführer einer Firma für Wasserkühlungen für Computer in Schloss Holte-Stukenbrock bei Bielefeld.

Josip Juratovic

Wann, wenn nicht jetzt?

Mein Name ist Josip Juratovic. Ich bin seit 2005 Bundestagsabgeordneter der SPD. Mein Alleinstellungsmerkmal ist nicht, der einzige Kroate im Deutschen Bundestag zu sein, sondern der einzige ehemalige Fließbandarbeiter.

Das hört sich zwar sehr romantisch an, ist jedoch nicht ganz einfach. Schon bei meiner Nominierung im Wahlkreis habe ich, gegen die Empfehlung meiner Parteispitze, vor Ort kandidiert und gewonnen. Auch für den sicheren Listenplatz habe ich, ebenfalls gegen die Empfehlung der Parteispitze, kandidiert und abermals gewonnen. Ich dachte: „Wann, wenn nicht jetzt?" Wichtig war für mich: Traut mir Gott dieses Amt zu? Dann sollte es so sein. „Herr, dein Wille soll geschehen!"

Als ich in den Deutschen Bundestag kam, wurde ich mit vielen Fragen konfrontiert. Ich war sehr verunsichert und manchmal verängstigt. Werde ich den gestellten Erwartungen gerecht? Bin ich den Aufgaben gewachsen? Kann ich als einfacher Kfz-Mechaniker auf Augenhöhe mit den anderen, studierten Kollegen arbeiten?

Ich vertraute auf Gott und bat ihn um Hilfe. Es dauerte nicht lange und ich bekam eine Einladung zum Gebetsfrühstück. Ich fand es interessant, dass es einen Raum gab, wo wir uns überfraktionell und überkonfessionell treffen und allein unter uns unsere Gedanken Gott widmen können.

So, wie es in der Präambel unserer Verfassung geschrieben steht: „Im Bewusstsein der Verantwortung vor Gott und den Menschen". Als ich an meinem ersten Gebetsfrühstück teilnahm und auf die einführenden Worte aus dem Losungsbuch hörte, die Gedanken und Gefühle meiner Kolleginnen und Kollegen erfuhr, war ich ergriffen. Menschen, die im Plenum so sicher wirkten, erzählten, dass sie in ihrem innersten Herzen die gleichen Gedanken, ja Bedenken und Verunsicherung erlebten wie ich. Da wusste ich: Ja, du bist richtig im Bundestag und du bist richtig im Gebetsfrühstückskreis.

Seitdem ist der Gebetsfrühstückskreis am Ende jeder Sitzungswoche, nach so vielen gesellschaftlichen, taktischen und politischen Fragen, die ich häufig als ein eng geschnürtes Korsett empfinde, für mich eine Oase des Friedens und der Menschlichkeit im hektischen Politikbetrieb. Beim Gebetsfrühstück lassen wir unsere Herzen sprechen, umgeben von gleich gesinnten Menschen und ohne Angst vor der Schelte der Öffentlichkeit. Daraus schöpfen wir Kraft und Mut in unserem politischen Einsatz für eine bessere, gerechtere Welt.

Ein sehr einschneidendes Erlebnis waren für mich die Jugoslawienkriege. Zu dieser Zeit lebte ich schon in Deutschland, pendelte aber ständig zwischen meiner alten und meiner neuen Heimat hin und her. Ich war aktiv im politischen Widerstand und engagierte mich für Frieden und Völkerverständigung. Dadurch, dass mein Wohnsitz in Deutschland war, hatte ich das Glück, nicht mit der Waffe in der Hand kämpfen zu müssen.

Als gebürtiger Kroate erlebte ich wie die meisten der ehemaligen Jugoslawen ein Trauma, das mich lebenslang begleiten wird. Ich träumte einst von einem demokratischen Jugoslawien und bekämpfte die Kommunisten. Als es so weit war und die Kommunisten besiegt waren, folgte die Hölle der Nationalismen, von denen sich die Völker bis heute nicht erholt haben. Ich war fassungslos, als ich im ehemaligen Jugoslawien erleben musste, wie Freunde ihre Richtung ändern konnten, zu welchen Grausamkeiten Menschen fähig sind und wie schnell die Dämonen ganze Völker verblenden und ins Verderben stürzen: mehr tote Kinder als Soldaten in Bosnien und Herzegowina, Millionen auf der Flucht.

Auch in meinem Haus in Deutschland lebten achtzehn Flüchtlinge: Serben, Kroaten, Bosniaken. Begeisterung und Hass ganz nah beieinander. Mich schmerzte, dass einige meiner besten Freunde von einst einen riesengroßen Bogen um mich machten. Nur weil ich Recht und Unrecht nicht von Nationalität und Glauben abhängig mache, sondern vom Charakter jedes Einzelnen. Das war für mich schwer zu ertragen.

Meine Heimatstadt Koprivnica wurde ohne einen Schuss von der jugoslawischen Armee befreit. Das war einmalig und nur möglich, weil mutige Männer auf beiden Seiten Absprachen trafen und der Zivilschutz einen Begleitschutz für den Abzug der Armee bot.

Was konnte man diesem auflodernden Nationalismus entgegensetzen? Ich wusste, Nationalismus kann nur dann siegen, wenn die Antwort auf die Nationalisten der anderen Seite die Unterstützung der Nationalisten in den eigenen Reihen ist.

Mein Leitspruch aus der Bibel, der mich bis heute begleitet und von Zeit zu Zeit wachrüttelt, ist aus dem 2. Timotheusbrief 1,7 und lautet: „Denn Gott hat uns nicht gegeben den Geist der Furcht, sondern der Kraft und der Liebe und der Besonnenheit." Dieses Wort trägt, gibt Kraft und den freien Blick nach vorn.

Ich fand neue Freunde und diese gaben mir den Mut, nach Menschen zu suchen, die sich wie ich trauten, gegen die nationalistische Erblindung in den eigenen Reihen Widerstand zu leisten. Das Glück, dass ich zu dieser Zeit schon in Deutschland im Frieden leben durfte, war für mich Verpflichtung. Ich wollte Gott danken, indem ich mich vor Ort für Versöhnung einsetzte. Anfang der 1990er-Jahre gründeten wir „Novi Most – Neue Brücke". Das ist eine Friedensinitiative der IG Metall, bestehend aus ehemaligen Jugoslawen, die sich gemeinsam für Frieden und Völkerverständigung einsetzen.

Heute bin ich im Auswärtigen Ausschuss des Bundestages und ich sehe entsetzt, wie sich das Geschehen im ehemaligen Jugoslawien wiederholt: in Nordafrika, Asien, Osteuropa – fünfundsechzig Millionen Menschen auf der Flucht! Aus totalitären Regimen entsteht Anarchie, Mächtige werden zu Kriegsherren, die sich bereichern, während Millionen von Menschen – Frauen, Kinder, Alte – vertrieben werden und oft in Auffanglagern ein elendes Dasein fristen.

Das Mittelmeer wird zunehmend ein Massengrab. Politiker verhandeln mit Verbrechern. Es ist eine Doppelmoral, wenn wir Märkte erobern, mit Waffen handeln, um billige Rohstoffe wetteifern und gleichzeitig humanitäre Hilfe anbieten und um die Übernahme von ein paar Tausend Flüchtlingen streiten. Angesichts der erdrückenden Probleme fehlen uns tragfähige Lösungen.

Mein Aufgabengebiet im Auswärtigen Ausschuss ist Südosteuropa. Regelmäßig sind Praktikantinnen und Praktikanten aus diesen Regionen bei mir im Bundestagsbüro. Ich unterstütze den Austausch und die Gründung von Jugendnetzwerken in Südosteuropa.

Ein sehr großes Anliegen ist mir die Versöhnung der Veteranen und die Aufarbeitung der Kriegsverbrechen. Meinen Auftrag sehe ich in der Versöhnung der Generationen. Ich wünsche mir, dass die Nachkommen miteinander demokratische Länder aufbauen und in eine gute Zukunft investieren. Versöhnung ist auch das zentrale Thema der Bibel. Gott will nicht, dass wir Menschen im Streit leben. Die Bibel gibt uns dazu an vielen Stellen klare Antworten. Jesus hat es uns vorgelebt. Wir haben Verantwortung, wir haben die Mittel und wir haben den Auftrag.

Wann, wenn nicht jetzt?

Josip Juratovic, geboren 1959, kam 1974 nach Deutschland. Kfz-Mechaniker, Bundestagsabgeordneter der SPD, Betriebsrat der IG Metall bei Audi Neckarsulm. Er lebt in Gundelsheim und Berlin.

Ursula Koch

Vor der Brücke

Wir waren für drei Jahre in die Entwicklungshilfe gegangen. Als wir zurückkehrten, fanden wir uns nicht mehr zurecht in dem reichen Land.

In all der Ungewissheit gab es jedoch einen Ort, an dem wir Ruhe suchten: ein ehemaliges Kloster, jetzt evangelisch, auf einer Höhe gelegen, von der aus wir ins Weite sahen. Da breitete sich der Himmel über dunkle Wälder und im Kreuzgang blühten die Rosen.

Im Sommer verbrachte ich einige Zeit dort allein, die Familie wollte nachkommen. Und so saß ich in meinem Zimmerchen mit den kleinen Sprossenfenstern – und schrieb. Was da in mir brodelte an Angst und Ratlosigkeit, konnte ich nicht herausschreien, aber doch wenigstens in Worte fassen.

Es gab noch andere Gäste im Haus, sie nahmen an Tagungen teil oder saßen über ihren Büchern. Ich nahm sie kaum wahr. Mir tat es gut, allein zu sein, und ich hätte auch nicht gewusst, worüber ich mit ihnen sprechen könnte. Es interessierte doch niemanden, was wir in Afrika erlebt hatten. Ich konnte nur schreiben – aber für wen? Wofür? Wozu?

Nach sonnigen Tagen zog Regen auf. Trotzdem drängte es mich am Nachmittag hinauszugehen, Luft zu schöpfen. Ich zog meine Regenjacke über und suchte einen trockenen Platz. Ich fand ihn: Da war ein altes Tor, manche meinten, ein Burgtor aus uralter Zeit. Bergend schloss sich der steinerne Bogen über mir, ich hatte ein Dach – und vor mir lag der Friedhof mit den filigran geformten schmiedeeisernen Grabkreuzen der Nonnen. Wie kleine Ausrufezeichen wiesen sie nach oben, verziert von unsterblichen Blüten und Blättern.

Ich saß lange. Das Rauschen des Regens legte sich wie eine warme Decke über meine Gedanken. Kaum nahm ich wahr, dass es auf dem Kiesweg hinter mir knirschte. Ich sah mich nicht um, auch nicht, als es plötzlich wieder still war.

Am nächsten Morgen trat ein alter Herr auf mich zu. Er sah mich an. „Ich habe Sie gestern im Garten gesehen."

Ich zuckte zusammen, fühlte mich ertappt und meinte, ich müsste mich meiner Versunkenheit schämen.

„So still!", sagte er.

Wir kamen ins Gespräch, gingen auf und ab, er hatte die Hände auf dem Rücken zusammengelegt. Ich begann zu erzählen und er hörte zu. Manchmal stellte er eine kurze Frage und erfuhr schließlich auch, womit ich mich in meinem Zimmer beschäftigte. Es ging mir kaum über die Lippen. Schreiben! Hatte ich nicht von klein auf gelernt, dass wir in Jesu Nachfolge immer etwas Wichtiges tun müssten? So kostete es mich Überwindung, die Frage herauszubringen: „Würde Sie interessieren, was ich schreibe?" Ich weiß nicht mehr genau, wie er antwortete, aber es war eindeutig. So übergab ich ihm am selben Abend ein vollgeschriebenes Heft und flüchtete in mein Zimmer.

Am Morgen trat er mir entgegen. Er wirkte erregt und hatte doch so viel Ruhe ausgestrahlt.

Wir verabredeten uns zum Gespräch. Und nun redete er. „Ich ging vorgestern in den Garten hinunter, wo ich mein Buch vergessen hatte. Ich wollte es nicht im Regen liegen lassen. Da sah ich Sie sitzen unter dem Torbogen. Um Sie nicht zu stören, bin ich über den Rasen weitergegangen. Und als ich zurückkam, saßen Sie immer noch da. Das hat mich beeindruckt. Und nun habe ich Ihre Aufzeichnungen gelesen und heute Nacht noch etwas nachgeschlagen – nämlich den Bericht eines Lektors über die erste Begegnung mit Peter Bamm. Ich wollte wissen: Wie gehe ich mit einem Menschen um, der so gut schreiben kann?"

Ich hörte zu und glaubte gleichzeitig nicht, was ich hörte. Peter Bamm? Dessen Bücher standen hier in der Bibliothek – und ich sollte in irgendeiner Weise etwas mit ihm gemeinsam haben??

Er sprach weiter, eindringlich – und sprach endlich auch von sich: Früher war er als Literaturkritiker tätig gewesen, hatte auch Psychologie studiert und als Meditationslehrer gearbeitet.

Am Ende dieses Gespräches wandte er sich mir zu: „Sie müssen schreiben!"

War ich begeistert? Überglücklich? Nein. Ich war wie gelähmt. Einen Tag später – ich hatte ihm noch mehr Texte gegeben und er hatte gelesen – erinnerte er mich an den Spruch dieser Woche, der in jeder Andacht verlesen wurde: *„Wem viel gegeben ist, bei dem wird man viel suchen."* Mich packte die Angst.

In der folgenden Nacht hatte ich einen Traum: Ich ging einen Weg über eine Wiese voller Blumen. Jemand ging mit mir. Plötzlich standen wir an einem Abgrund, vor mir nichts als Nebel.

„Dies ist die Brücke. Du musst jetzt gehen", hörte ich meinen Begleiter sagen.

Aber da war keine Brücke, da waren nur geflochtene Seile, die im Wind schwankten.

„Nein", sagte ich, „das kann ich nicht."

Aber er wiederholte: „Du musst jetzt gehen."

Ich weinte und flehte: „Ich kann nicht. Die Brücke trägt mich nicht. Ich werde abstürzen."

Er widersprach.

„Wohin führt sie überhaupt?"

„Ans andere Ufer."

Ich begann ihn zu beschimpfen. Er blieb ruhig. „Du wirst jetzt gehen. Der Nebel wird lichter. Ich erwarte dich, wo die Brücke zu Ende ist."

In den wenigen Tagen, die uns dann noch blieben, lernte ich viel von dem erfahrenen Mann, und noch lange Zeit hat er mich mit seinem Rat begleitet. Drei Jahre später erschien mein erstes Buch. Viele Menschen schrieben mir, dass es ihnen wichtig geworden sei.

Ursula Koch, geboren 1944, ist Schriftstellerin und Pädagogin. Gemeinsam mit ihrem Mann ist sie in der Entwicklungshilfe engagiert und lebt in Berlin. Ihre Romane und Biografien wurden in viele Sprachen übersetzt.

Martin Schlicksupp

Warum ich Politik mache

Schon in meiner Jugend in Heidelberg wurde da ein Same gesät. In einem Vortrag forderte der Fernsehjournalist Peter Hahne damals die anwesenden Christen auf, sich politisch zu engagieren und „der Stadt Bestes“ zu suchen. Dieser Gedanke war seitdem immer in meinem Hinterkopf.

Dass politisches Engagement notwendig ist, war in den christlich-konservativen Kreisen damals aber eher eine Einzelmeinung. Politik war als „schmutziges Geschäft“ verrufen oder stand als „weltliches“ Thema weit unten auf der Aktivitätenliste. Nur in den Gebetsveranstaltungen war es präsent.

Erst im reiferen Alter von vierundvierzig Jahren bin ich Mitglied der CDU geworden. Dort fand ich die größte Schnittmenge mit meinen persönlichen Überzeugungen. Dabei war ich nie der Meinung, als Christ könne man nur – oder auf keinen Fall – Mitglied einer bestimmten Partei sein. Hier ist es oft wie in den verschiedenen Gemeinden: Es hängt an den jeweils vor Ort aktiven Personen, den vorherrschenden Themen und der Möglichkeit, Einfluss zu nehmen.

Vor meinem Eintritt in die CDU war ich damit beschäftigt, meine berufliche Existenz aufzubauen, gemeinsam mit meiner Frau vier Kinder zu erziehen, mich als Klassen- und Schulelternbeirat zu engagieren, in Kleingruppen und Arbeitskreisen der Gemeinde mitzuarbeiten oder diese zu leiten und ab und zu wenigstens ein klein wenig Sport zu treiben. Eine weitere, zusätzliche Aktivität kam nicht infrage – das war vor allem meiner Frau klar.

Irgendwann begann es mich zu stören, dass ich nur ganz wenig mit Menschen zu tun hatte, die keine Christen sind. Wo werde ich herausgefordert zu leben, was ich glaube? Wenn alle um mich herum derselben Meinung sind, wo ist dann die Herausforderung? Wo könnte ich „Salz" oder „Licht" sein, wie Jesus die Christen aufforderte? Mir war klar: Meint man es mit dem Christsein ernst, dann muss dies Auswirkungen auf den Alltag haben, auch und gerade, wenn das Umfeld nicht christlich geprägt ist.

In den anstrengenden Jahren zwischen dreißig und fünfundvierzig habe ich mich einmal im Jahr zu einem stillen Wochenende zurückgezogen. Ausschlafen, Stille, Natur, alleine sein, nachdenken, beten, planen, auftanken, reflektieren, spazieren gehen, schreiben, lesen. Meine Frau war meist sehr gespannt, mit welchen Impulsen ich nach so einem stillen Wochenende zurückkam. Auch sie hat die Zeit meist genutzt, um für mich zu beten. Nach einem dieser Wochenenden fragte sie mich ganz erwartungsvoll: „Und, was ist dir dieses Mal wichtig geworden, welchen Impuls hast du von Gott bekommen?" Ich war zwar gut erholt, aber etwas enttäuscht, weil dieses Wochenende zum ersten Mal keine neue Erkenntnis, keinen Impuls hervorgebracht hatte. Ja, es hatte mir gutgetan, mehr jedoch nicht. Sie aber sagte: „Mir ist klar geworden, dass ich jetzt ein Ja zu deinem politischen Engagement habe."

Das war der Startschuss. 2008 wurde ich in dem Ortsverband, in dem ich wohne, Mitglied. Von da an kamen Einladungen zu verschiedenen Grillfesten, Jahreshauptversammlungen, Neujahrsempfängen, Wahlkampfaktivitäten, Parteitagen und anderen Veranstaltungen. Dort ging ich dann alleine hin und kannte anfangs fast niemanden. Und hier verstand ich plötzlich, wie sich jemand fühlt, der zum ersten Mal in seinem Leben in einen Gottesdienst kommt, niemanden kennt und von niemandem angesprochen wird. Es braucht eine gehörige Portion Motivation, diese Erfahrung zu wiederholen. Aber ich lernte mal diesen und mal jenen Menschen kennen und entdeckte manchmal ein Gesicht, das ich aus der ein oder anderen Gemeinde schon kannte. Ich war also gar nicht so alleine, wie ich zunächst gedacht hatte.

Es war kaum ein Jahr vergangen, da wurde ich angefragt, ob ich nicht Beisitzer im Vorstand meines Ortsverbandes sein wolle. Nun, „dabeisitzen" klang ungefährlich, ich war neugierig und sagte zu. Jetzt hatte ich meinen ersten regelmäßigen politischen Termin und lernte die unterste Ebene der politischen Arbeit kennen. Ich gestehe, dass mich die Themen und Einflussmöglichkeiten dieser Ebene nicht wirklich fasziniert haben.

Nach Ablauf meiner ersten zweijährigen Amtszeit als Beisitzer wurde ein neuer Vorsitzender gesucht und alle aktiven Mitglieder waren der Meinung, ich sei der Richtige. So wurde ich der Vorsitzende des Ortsverbands. Damit war ich automatisch auf der Liste für die anstehende Kommunalwahl. Die Wähler haben mich dann von Platz 12 auf

Platz 9 in die Stadtverordnetenversammlung gewählt. So schnell hatte ich mir das mit der politischen Karriere nicht vorgestellt – manche alten Hasen in der Partei wahrscheinlich auch nicht. Jetzt hatte ich – zwar nur in der Opposition – politische Verantwortung, aber keine Ahnung, wie das läuft. Also: Klappe halten, zuhören, Fragen stellen und lernen. Ich sah mich von Gott an diesen Platz gestellt.

Nach drei Jahren standen in meiner Gemeinde Ältestenwahlen an. Einige Gemeindemitglieder schlugen mich für dieses Amt vor und die Ältesten fragten nach meiner Bereitschaft. Mir war klar, dass beides, politisches Engagement und Ältester in der Gemeinde, schon aus zeitlichen Gründen nicht gehen würde. Aber die Gemeinde enttäuschen wollte ich auch nicht. Was war mein Wunsch, was sollte mein Weg sein? So bat ich die Ältesten, auf ihrer Klausur zu prüfen, wo sie meinen Weg sahen: Verantwortung in der Gemeinde oder Verantwortung in der Kommunalpolitik zu übernehmen. Nach dem Klausurwochenende bekam ich von der Gemeindeleitung die Zusage: Wir sehen dich in der Politik und stellen dich dafür frei. Das war eine klare Bestätigung und gibt mir bis heute Rückhalt.

Wieder ein Jahr später wurde ein Oberbürgermeisterkandidat gesucht und wieder wurde mein Name gehandelt. Das hätte bedeutet, meine Firma aufzugeben und zwanzig Arbeitsplätze zu gefährden. Dazu fand ich kein Ja.

In der Fraktion arbeitete ich mich in den folgenden Jahren in finanz- und wirtschaftspolitische Themen ein und wurde dafür der Sprecher.

Die dann folgende Kommunalwahl brachte erneut eine Veränderung. Ich landete auf Platz 6, durfte die Koalitionsverhandlungen mit führen und bin jetzt stellvertretender Fraktionsvorsitzender.

Ich habe mich immer gefragt: Was ist dran für mich? Was passt? Ich muss nichts werden. Ich habe mich nicht nach vorne gekämpft, sondern versuche, das Beste zu finden und so zu reden und zu handeln, dass ich glaubwürdig und als Christ zu erkennen bin. Ich glaube nicht an die Politik oder an eine Partei, sondern an Jesus Christus. Aber ich glaube auch, dass wir als Christen in der Politik viel Gutes erreichen können.

Martin Schlicksupp, geboren 1964, Dipl.-Ing. und selbstständiger Unternehmer im Bereich Technische Kommunikation. Nach vielfältigem gesellschaftlichem Engagement ist er heute haushaltspolitischer Sprecher der CDU-Fraktion im Stadtrat von Gießen.

Maike Sachs

Eine ganze Kette von Wundern

Wir lebten in Albanien und arbeiteten am Aufbau einer kleinen evangelischen Gemeinde mit. Im Jahr 1997 war das Land in heller Aufregung. Betrügerische Finanzgeschäftsleute hatten zahllose Menschen um ihr Erspartes gebracht. Es kam zu Aufständen. In unserer Stadt brannten Rathaus und Gerichtsgebäude. Die Militäreinrichtungen und Polizeistationen wurden geplündert. Die Waffen waren überall. Schließlich wurden die Unruhen so groß, dass ich mit unseren vier kleinen Kindern für einige Wochen in Deutschland Schutz suchte. Nur Jürgen, mein Mann, blieb, bis wir alle wieder zurückkehren konnten. Im Mai war das möglich.

Bald wurde es Sommer. Die Temperaturen kletterten an manchen Tagen bis über 40 °C. Mich plagten heftige Kopfschmerzen, für mich in diesem Klima nichts Fremdes, da mir die Hitze schon oft eine heftige Migräne beschert hatte. Alle zwei Monate war ich „dran“. Meine Nachbarin erklärte mir dann regelmäßig, das komme vom Besucherstrom, der annähernd jeden Tag unser Haus heimsuchte. Mal kamen Nachbarinnen, mal junge Leute, die sich zu unserer Gemeinde zählten, oder Teammitglieder. Nein, die Besucher waren es nicht. Ich hatte eher den Eindruck, meiner Nachbarin war es einfach nicht geheuer, was sich da auf der anderen Seite des Zauns abspielte. Dieses Mal saß der Kopfschmerz im Nacken fest, nicht wie sonst über den Augen, und ich fühlte mich fiebrig. Da Jürgen an diesem Tag nach Tirana gefahren war und erst spät zurückkehren würde, nahm ich ausreichend Schmerzmittel und legte mich im Kinderzimmer auf eines der Betten, um die Kinder zu beaufsichtigen. Unsere Jüngste war gerade mal zwei, die beiden Jungen drei und fünf, die Älteste sollte bald sieben Jahre alt werden.

Jürgens Heimkehr entlastete mich. Der Kopfschmerz hatte auch etwas nachgelassen. Am nächsten Tag kehrte er allerdings mit ungewohnter Heftigkeit zurück und da auch das Fieber wieder stieg, beschlossen wir, unseren Arzt in Deutschland zu konsultieren. Er hatte uns vor unserem Aufbruch nach Südosteuropa eine etwas größere Hausapotheke zusammengestellt. Seine Diagnose lautete: Meningitis, Hirnhautentzündung; wenn wir Glück hatten, in einer Form, die sich mit Antibiotika behandeln ließ.

Was sollten wir tun? In Deutschland wäre selbstverständlich ein Krankenhausaufenthalt dran gewesen. Aber in Albanien war daran gar nicht zu denken. Mit meiner Freundin Tina war ich erst vor wenigen Wochen im Krankenhaus gewesen, um ihren herzkranken Vater zu besuchen. Der lag in einem kahlen Zimmer auf einer dünnen Matratze, die notdürftig einen Metallrost bedeckte. Tina erklärte mir damals, dass sie als Angehörige selbstverständlich für frische Wäsche und für das Essen zu sorgen hatten. Jede einzelne Injektion musste außerdem der Krankenschwester im Voraus bezahlt werden, manchmal musste sogar zuvor noch der Inhalt der Spritze in der Apotheke am Eingang des Krankenhausareals gekauft werden. Es ging also gar nicht anders, irgendein Angehöriger musste beständig beim Kranken bleiben. Und wer sollte das bei uns sein?

Außerdem war das Krankenhaus vor Ort erst in diesem Frühjahr geplündert worden. Die nötigen Apparate und Einrichtungen fehlten schlichtweg. Die Hauptstadt Tirana war noch besser versorgt, lag allerdings achtzig Kilometer entfernt. Auf diese Entfernung wäre die Versorgung unendlich schwieriger geworden – und das mit vier kleinen Kindern.

Oder sollte ich nach Deutschland fliegen? Allein? War ich dafür stark genug?

Wir entschlossen uns, es mit der Hauspflege zu versuchen. Jürgen holte den kleinen Karton mit Medikamenten aus dem Schrank. Sorgfältig breitete er alle Arten von Antibiotika auf dem Tisch aus, die wir in unserem Vorrat hatten, und rief wieder bei unserem „Fern-Arzt" an. Dieser riet uns zu einem Antibiotikum mit einem breiten Wirkungsspektrum, das sich nur deshalb bei den Medikamenten befand, weil Jürgen sich bei einem Deutschlandaufenthalt eine Angina geholt, aber sein Medikament nicht eingenommen hatte. Wir sollten am nächsten Tag wieder anrufen.

Gott sei Dank, mein Körper sprach auf das Medikament gut an! Das Fieber ging zurück und nach Ablauf einer Woche konnte die Türglocke klingeln, ohne dass mir anschließend der Kopf dröhnte, als werde er von innen mit einem Hammer bearbeitet.

Nach einer weiteren Woche gab es wieder Grund zum Aufatmen. Es erschien fachkundige Hilfe in Gestalt meiner Schwägerin, einer erfahrenen Krankenschwester. Kurzerhand war sie bereit, ihre letzte Urlaubswoche dieses Sommers in die Familienpflege zu investieren.

Als sich die Woche dem Ende entgegenneigte, meldete sich die Vorgesetzte der Schwägerin. Ob sie noch eine Woche anhängen wolle? Die Vorgesetzte könne ihren eigenen Urlaub gern noch verschieben.

Und so kam es, dass wir zwei Wochen lang richtig gut versorgt waren. Gott sei Dank! Vor allem der Haushalt kam wieder in Schwung. Jürgen konnte seiner Arbeit nachgehen. Die Kinder waren versorgt, und immer mal wieder fiel auch ein kompetenter Rat für mich ab. Damit war ich zwar nicht gesund, aber doch ungemein beruhigt.

Ich war noch nicht wieder ganz auf den Beinen, da gab es für unser inneres Gleichgewicht einen herben Rückschlag. Unser Sohn bekam einen heftigen Durchfall. Tag und Nacht war der Fünfjährige geplagt, musste alle zwei bis drei Stunden zur Toilette.

Wir waren alarmiert. Hatte sich das Kind bei mir angesteckt? Konnten wir es in diesem Fall riskieren, ihn in Albanien zu lassen?

Jürgen suchte in der Stadt einen Freund, der als Arzt im Krankenhaus arbeitete. Er kam auch sofort und brachte gleich seinen Kollegen zum Hausbesuch mit, der die Kinderabteilung leitete. Man stelle sich das vor: der Chefarzt der Pädiatrie und ein Oberarzt der Orthopädie in unserem Wohnzimmer!

Die beiden untersuchten unseren Sohn und berieten sich. „Leider können wir keine Rückenmarkspunktion durchführen, um eine Meningitis auszuschließen", sagten sie „Wir haben keinerlei Gerät mehr. Wir raten euch, den Jungen nach Deutschland zu bringen."

Keine vier Stunden später saßen Jürgen und unser Sohn im Flugzeug nach Deutschland. Ein befreundeter Geschäftsmann hatte noch schnell die Flugtickets in Tirana besorgt und am Flughafen hinterlegen lassen. Einer der beiden Ärzte hatte dem Kind eine Spritze gegeben, damit es den Flug gut überstand.

Einerseits waren wir unendlich erleichtert, dass der Junge bald in kompetente Hände kommen würde. Andererseits waren wir beschämt: Das alles war uns möglich. Mit Schmerz dachte ich an den Besitzer eines Marktstandes, der mich um Hilfe gebeten hatte. Sein Sohn litt hochgradig an Diabetes. Ob ich ihm nicht eine Tür öffnen könne, seinen Sohn zur Behandlung nach Deutschland zu bringen?

Wie gerne hätte ich es getan! Aber dazu war ich nicht in der Lage gewesen. Nur mein eigener Sohn konnte problemlos in ein deutsches Krankenhaus fliegen.

Als wir unseren Freund und seinen Kollegen fragten, was wir ihnen für die Visite schuldeten, sagten sie: „Nichts, wir wollen kein Honorar. Wir haben kein Material mehr, aber wir haben immer noch die Freundschaft. Das ist genug." Wir waren so reich beschenkt.

Doch das eigentliche Wunder kam erst. Auch meine Schwägerin und ich blieben vom Magen-Darm-Infekt nicht verschont. Als ihre beiden Pflege-Urlaubswochen endgültig zu Ende waren, fühlte ich mich überhaupt nicht stark. Jetzt sollte ich also allein klarkommen – mit drei Kindern. Jürgen war noch in Deutschland. Panik stieg in mir auf, als sich das Gartentor hinter meiner Schwägerin schloss. Was wäre, wenn es mit mir wieder bergabginge?

Aus ganzem Herzen betete ich, während ich den kleinen Weg zu unserer Haustür zurücklegte. Ich betete aber nicht um Gesundheit; das hatte ich die letzten drei Wochen ausgiebig getan. Ich betete einfach darum, dass sich Gott meiner Kinder annahm und uns nicht im Stich ließ. „Ich kann jetzt nichts selber tun", sagte ich ihm. „Jetzt bist du dran!" In diesem Moment durchströmten mich ein tiefer Friede und eine ganz neue Kraft. Ich empfand es wie eine Heilung, einen Riesenschritt in Richtung Gesundsein, vor allem aber auch eine Vergewisserung, dass unser Gott uns nicht vergessen hatte, sondern mit seiner Gegenwart über mir und meiner Familie wachen würde.

Jahre später kam ich ins Gespräch mit einer mir unbekannten Frau. Als ich mich ihr vorstellte, sagte sie: „Ach, Sie sind die Frau mit vier Kindern, die damals so krank war? Wir haben für Sie gebetet. Irgendjemand hat uns von Ihnen erzählt." Ich kam aus dem Staunen kaum wieder heraus …

Maike Sachs, geboren 1960, ist nach ihrem Engagement im Ausland jetzt wie ihr Mann im Pfarrdienst der Württembergischen Landeskirche tätig.

N. N.

Der Teppich meines Lebens

Unser Leben ist wie ein Teppich. Wenn wir darunterstehen, sehen wir nur wirre Fäden. Wer aber von oben auf den Teppich schaut, erkennt das Muster. Er sieht das Ganze.

Diesen bildhaften Vergleich verdanken wir der bekannten Holländerin Corrie ten Boom (viele kennen sie aus dem Film *Die Zuflucht*). Auch auf mein Leben passt er gut. Während ich überlege, worüber ich schreiben soll, fällt mir auf, dass ich immer noch *unter* dem Teppich meines Lebens stehe. Ich suche das Muster, aber ich sehe nur Fäden. Vieles ist auch noch gar nicht vollendet. Ich bin noch mitten drin in meiner Geschichte. Worüber soll ich also schreiben?

Ehe ich an die Schule kam, an der ich heute unterrichte, war ich ein halbes Jahr lang arbeitslos. Das kommt mir im Rückblick nicht lange vor, aber damals war es eine Ewigkeit für mich. Ich wusste ja nicht, wann und wie sich die Situation verändern würde. Es war schrecklich! Ich betete viel in dieser Zeit und bat Gott darum, mir den Weg zu zeigen und mir eine Tür zu öffnen. Aber nichts geschah. Am Anfang fühlte ich mich von Gott getragen, aber dann geriet ich mit meinem Vertrauen auf ihn an die Grenzen.

Und dann hatte ich diesen Traum! Ich lief durch einen dichten Wald und hatte mich verirrt. Da fand ich ein Pferd und stieg auf seinen Rücken. Es brachte mich zu einer Lichtung, auf der sich schmale grüne Wege entlang von Wäldern und Hügeln in Serpentinen durchs Gelände wanden. Diesem Pfad folgte ich zu Fuß und begegnete einem unbekannten Mann. Der sagte zu mir: „Gib unseren Kindern Religionsunterricht."

Im nächsten Moment sah ich unzählige Kinder auf der Lichtung spielen. Es war ein besonderes, ein bewegendes Bild. Für einige Momente sah ich mich selbst als Kind; der Glaube hatte schon damals zu meinem Leben gehört, er war mir bezeugt worden. In Gott hatte ich schon damals Geborgenheit und Lebensfreude gefunden. Dann stellte ich – immer noch träumend – mit Erschrecken fest, wie vielen Kindern dieses Wissen um Gottes Liebe fehlte. Im Wachzustand neige ich eher dazu zu denken: Das soll doch jede Familie selbst entscheiden (was ich grundsätzlich auch heute noch richtig finde). In meinem Traum jedoch erschütterte mich der Gedanke an eine Kindheit *ohne diese Zusage* sehr! (Der Traum enthielt zwei Verheißungen, von denen sich bislang nur eine erfüllt hat. Die andere ist noch ein Geheimnis. Darum lasse ich sie an dieser Stelle unerwähnt.)

Nachdem ich aufgewacht war – es war Wochenende –, telefonierte ich mit meiner Mutter. Ich erzählte ihr von meinem Traum. Da sagte sie zu mir: „Lies doch mal in der Apostelgeschichte, was der Apostel Paulus erlebt hat. Auch er wurde in einem Traum berufen – und zwar zu den Menschen nach Europa!"

„Gib unseren Kindern Religionsunterricht", hatte der Mann im Traum gesagt. Ich hatte Religionspädagogik studiert – als Zusatzfach. Im Referendariat war ich dann als Religionslehrerin ausgebildet worden. Als ich danach meine erste Stelle angetreten hatte (noch vor meiner Arbeitslosigkeit), unterrichtete ich Mathematik und Kunst. Der Pfarrer des Ortes kam jede Woche an die Schule und erteilte den Religionsunterricht. Im Lehrerzimmer fand ich es immer schön, mich mit ihm bei einer Tasse Kaffee über religionspädagogische Fragen auszutauschen. Eines Tages sagte er zu mir: „Sehen Sie zu, dass Sie wieder Religionsunterricht geben. Eine Lehrerin wie Sie, die so für diese Sache brennt, wird an den Schulen gebraucht." Einmal setzte er hinzu: „Gott wird Sie und Ihren Dienst segnen!"

Das hatte er gesagt. Und nun war ich schon seit Wochen arbeitslos ... Ja, ich hatte das Gefühl, als würde ich nirgendwo mehr gebraucht!

Doch kurz vor Weihnachten wendete sich meine Situation! Ich bekam einen Anruf von einer integrativen (heute inklusiven) Privatschule und sollte mich vorstellen. Als ich die Aula der Schule betrat, war ich regelrecht überwältigt. Alles war so freundlich und schön, Licht flutete in den Raum. Kinder mit und ohne Behinderung spielten ganz selbstverständlich miteinander. Die Schulleiterin war sympathisch. Im neuen Jahr wurde ich eingestellt. An der neuen Schule unterrichtete ich Deutsch, Musik und Kunst.

Die Zeit der Ungewissheit war nun endlich vorbei. Ich war wieder versorgt und ich durfte wieder unterrichten! Diese Schule war eine ganz neue Welt für mich. Die ersten

Wochen waren anstrengend. Trotzdem war ich unendlich glücklich. Ich war so froh, wieder Arbeit zu haben, und freute mich jeden Tag auf diese Schule, an der es mir so gut gefiel. Es gab nur ein einziges, aber wichtiges Detail, das nicht stimmte: Ich erteilte keinen Religionsunterricht.

Am Anfang war mir das egal. Dann aber begann ich mich zu fragen, ob ich tatsächlich den Weg eingeschlagen hatte, den Gott mich führen wollte. Hatte er mir nicht gesagt, ich solle wieder Religionsunterricht geben? Doch woher sollte ich das so genau wissen? Auf welche Weise sprach Gott denn zu mir? Durch den Traum?

Ich entschied mich, dass es besser war, auf Gottes Handeln in der Wirklichkeit zu achten als auf einen Traum. Die Tür zu der neuen Schule hatte sich geöffnet und ich war glücklich dort. Also ging ich meinen Weg einfach weiter.

Nach fast einem halben Jahr geschah etwas Überraschendes. Ich kam morgens an die Schule, wo ich eine Klasse zum Schwimmen begleiten sollte. Doch dann wurde mir mitgeteilt, dass ich nicht zum Schwimmen mitkommen, sondern in der Schule bleiben sollte.

Ich sollte Vertretung machen. Eben hatte sich eine Kollegin überraschend krankgemeldet. Die Schulleiterin brachte mich in eine Klasse, die ich bis dahin noch nicht kannte. Ich sehe mich noch heute neben ihr durch den Flur der Schule gehen, die vom Sonnenlicht durchflutet war. Etwas Besonderes lag in der Luft. Dann öffnete sie die Klassenzimmertür.

Die Kinder dieser Klasse saßen im Kreis, zwei Schulbegleiterinnen waren bei ihnen. In der Mitte des Kreises lagen bunte Tücher und eine Kerze brannte. Die Morgensonne fiel in den Klassenraum herein. Eine Schulbegleiterin sagte zu mir: „Wir waren auf Religion eingestellt und hatten schon alles vorbereitet. Wir können es wieder wegräumen." Ich sagte: „Nein, lassen Sie es. Wir können gerne Religion machen." Natürlich war ich überhaupt nicht vorbereitet.

Ein Junge sagte: „Wir haben über Josef gesprochen und ich wollte so gerne wissen, wie es weitergeht."

„Wo seid ihr denn in der Geschichte?", fragte ich ihn.

Einige Finger gingen nach oben: „Josef ist gerade ins Gefängnis gekommen."

Immer noch völlig verwundert und überwältigt setzte ich mich zu den Kindern in den Kreis und fragte sie nach ihren Namen. Dann fing ich an, ihnen von Josef zu erzählen ... Später haben wir noch gesungen und gemalt.

Da die Kollegin länger ausfiel (sie war schwanger), bekam ich bis zum Ende des Schuljahrs den Religionsunterricht in der Klasse anvertraut. Im folgenden Schuljahr bekam ich wieder Religionsunterricht, diesmal gleich in mehreren Klassen. Seitdem unterrichte ich Religion – nun schon seit etlichen Jahren!

Dabei ging ich inzwischen auch schon mehrfach durch die Josefsgeschichte. Die Kinder sind meist beeindruckt, wenn sich der Kreis am Ende schließt und die Brüder, die nach Ägypten gekommen sind, sich vor Josef verneigen – nicht wissend, dass er es ist. „Das ist ja wie in seinem Traum", stellen die Kinder dann fest.

Josef hat seine Träume in der Kindheit lange nicht verstanden und er hat nie versucht, dafür zu sorgen, dass sie Wirklichkeit wurden. Stattdessen ist er tapfer seinen Lebensweg weitergegangen, durch Höhen und Tiefen und im Vertrauen auf Gott. Er wurde von seinen Brüdern verstoßen und nach Ägypten verkauft, er diente einem fremden Herrn und landete unschuldig im Gefängnis, bis er am Ende Ägyptens zweitmächtigster Mann wurde und das Volk vor dem Hungertod rettete.

Sicherlich hat Josef erst nur die wirren Fäden gesehen. Lesen Sie doch diese uralte Geschichte aus dem Alten Testament einmal: Am Ende erkennt man das Muster und sieht den Teppich von oben!

Die Autorin, geboren 1976, ist Lehrerin an einer inklusiven Schule und Hörbuchautorin.

Alexander Garth

Verloren in Indien

Meine erste Indienreise zu Beginn der 2000er-Jahre begann recht aufregend. Ich war eingeladen, die Arbeit von Bischof Dr. Francis Jackson kennenzulernen. Er hatte über dreihundert Gemeinden gegründet. Als Pfarrer und Gemeindegründer war ich neugierig, wie christliche Arbeit in Indien funktioniert und was man daraus für Deutschland lernen kann. Der Kontakt zu Francis Jackson lief über ein deutsches Hilfswerk, das mit dem Bischof zusammenarbeitet. Ich kannte Francis Jackson noch nicht persönlich, hatte aber viel über seine Arbeit gehört.

Die Maschine befindet sich im Landeanflug auf den Flughafen von Bangalore, der südindischen Metropole. Hinter mir liegt eine anstrengende Nacht im Flugzeug. Ich freue mich darauf, Bischof Jackson kennenzulernen. Er wird mich vom Flughafen abholen. Es ist kurz vor sechs Uhr morgens. Am Horizont dämmert der neue Tag herauf. Unter mir flimmern die Lichter von Bangalore.

Nach der Landung muss ich noch lange auf meinen Koffer warten. Endlich kommt er aus der Luke und poltert aufs Gepäckband. Er sieht schlimm aus. Die Seite ist aufgerissen und der Griff abgebrochen. Ich werde mir hier wohl einen ordentlichen Flugkoffer kaufen, denke ich, und trotte durch den Ausgang in Richtung Empfangshalle. Dort warten viele Leute mit großen Namens- und

Willkommensschildern, um die Reisenden abzuholen. Ich lese die Namen. Meiner ist nicht dabei. Wer von ihnen könnte Bischof Jackson sein? Er hat ein Foto von mir. Ich habe es geschickt. Leute begrüßen sich. Koffer werden zum Ausgang geschoben. Ich stehe herum, schaue in viele Gesichter und frage mich, wo der Bischof bleibt. Er will mich abholen. So hatten wir es per Mail abgesprochen.

Ich suche mir einen Sitzplatz, meinen demolierten Koffer im Blick, und warte. Inder sollen es ja mit der Zeit nicht so genau nehmen. Das hatte ich schon öfters gehört. Ich mahne mich zur Geduld und versuche mir die Zeit zu vertreiben, indem ich die Leute beobachte. Geschäftsleute. Eine Familie, bestehend aus einem Mann mit schwarzem Schnurrbart und einem komischen grauen Kaftan. Seine Frau, eine dicke Mama im Sari, die mit den quengelnden Kindern beschäftigt ist. Ein junges verliebtes Paar. Zwei abgehärmte indische Frauen, die mit Besen die Empfangshalle etwas sauber halten. Aber kein Bischof. Wie sieht wohl ein indischer Bischof aus? Trägt er ein Priesterhemd wie katholische Priester, meist schwarz oder grau mit Stehkragen und einem weißen Viereck in der Mitte? In der Welt des Südens tragen auch evangelische Pfarrer gern solche Hemden. Francis ist evangelisch, genauer: Er ist ein Pfingstbischof. Auch die ziehen in südlichen Gefilden manchmal Priesterhemden an, meistens in leuchtenden Farben.

Ich weiß schon einiges über Francis Jackson. Er stammt aus der untersten Schicht der indischen Gesellschaft, den sogenannten Kastenlosen. Er war also ein Dalit, ein „Unberührbarer“, wie diese Gruppe auch genannt wird. Als

Student war er ein überzeugter Kommunist. Aber dann fand er zum Glauben an Jesus Christus. Nach Abschluss seines Studiums spürte er die Berufung, in Bangalore eine Gemeinde zu gründen. Zu seiner großen Überraschung fanden bald viele Menschen zu Jesus. Die Gemeinde wuchs und er begann, Tochtergemeinden in anderen Stadtteilen Bangalores zu gründen.

Inzwischen ist es fast acht Uhr. Ich zücke mein Handy und versuche, den Bischof anzurufen. Ich habe seine Büronummer. Eine Stimme meldet sich am anderen Ende. Ich sage auf Englisch, wer ich bin und was ich will. Die Stimme sagt im unverständlichsten Englisch so etwas wie „Kenn keinen Bischof“. Dann legt der Sprecher auf. Mist, denke ich. Die Nummer stimmt wohl nicht. Was mache ich jetzt? Zum ersten Mal in Indien und gleich so ein Fiasko! Wie bekomme ich seine Nummer heraus? Soll ich ein Taxi nehmen? Das will ich nicht.

Erst vor wenigen Stunden bin ich in Mumbai übel abgezockt worden. Ich wollte um Mitternacht vom internationalen Flughafen, wo ich eben aus Europa angekommen war, zum nationalen Flughafen. In zwei Stunden sollte von dort mein Anschlussflug nach Bangalore gehen. In dem lauten Gewirr der vielen Menschen, Reisenden, Bettler und Straßenhändler fand ich die Busshuttle-Haltestelle zum Inlandsflughafen nicht. Ein Uniformierter (war er ein Polizist?), der vor dem Flughafengebäude herumstand, sprach mich an, ob ich Hilfe brauchte? „Ich will zum National Airport“, sagte ich. „Da nimmt man am besten ein Taxi. Kostet zehn Dollar“, meinte der Uniformierte und rief sogleich ein Auto herbei. Darin saßen zwei Männer, welche die Absicht bekundeten, mich an mein Ziel zu bringen. Sie luden mein Gepäck in den Kofferraum. Ich nahm auf der Rückbank Platz. Dann ging's los. Wir fuhren durch belebte Straßen, bogen ab in eine Nebenstraße. Es wurde immer dunkler. Dann hielt der Wagen. Die zwei Männer im Fond drehten sich zu mir um und bedeuteten mir, dass die Fahrt 100 Dollar koste. Falls ich nicht zahlte, würden sie mich hier aussetzen. Ich schaute mich um: eine triste, dunkle Stadtgegend. Es war nach Mitternacht. Ich überlegte noch kurz, ob ich jetzt die James-Bond-Nummer abziehen sollte? Dann kramte ich zwei Fünfzig-Dollar-Noten hervor und gab sie den beiden Ganoven. Sie fuhren mich zum Inlandsflughafen.

Ich sitze also auf meiner Flughafenbank und grübele, ob ich nicht doch ein Taxi nehmen soll. Da spricht mich ein Herr an. Offensichtlich ein Geschäftsmann. Anzug, Krawatte, gutes Englisch, groß, freundliche Augen, der obligate Schnurrbart. Er bietet mir seine Hilfe an. Ich erzähle ihm von Bischof Jackson, der nicht da ist, um mich abzuholen. Der Inder geht zu einem Stand, wo man Telefonbücher ausleihen kann, blättert eine Weile in einem solchen herum. Dann zückt er sein Handy und redet laut in einer indischen Sprache, während er lebhaft gestikuliert. Dann kommt er lächelnd zu mir zurück: „Der Bischof kommt in einer halben Stunde. Ich habe gerade mit seiner Sekretärin gesprochen.“ Ich kann es kaum fassen. Innerhalb von einer Viertelstunde hat er mir meinen Bischof besorgt. Ich bedanke mich überschwänglich.

Der Inder erzählt mir kurz, wie er darauf kam, mir zu helfen. „Ich bin Katholik. Ich hatte einen Geschäftskollegen zum Flughafen gebracht. Nach der Verabschiedung, ich war schon wieder draußen am Auto, war da so ein deutlicher Impuls in mir, ich solle zurück zum Flughafen gehen. Dort brauche jemand meine Hilfe. Ich eilte also zurück ins Flughafengebäude und schaute mich um. Da erblickte ich Sie. Sie wirkten so verloren."

Wir verabschieden uns mit einem brüderlichen Handschlag. Eine reichliche halbe Stunde später kommt der Bischof: ein älterer, etwas rundlicher Herr, ganz in Weiß gewandet, mit heiteren schwarzen Augen: „Are you Alexander Garth from Germany?"

Ich hatte eine Menge gelernt an diesem Morgen. Erstens: Gott sieht mich, wie ich da frustriert und übermüdet auf einen Bischof warte, der nicht kommt. Zweitens: Gott weiß, dass ich gerade eine deprimierende Erfahrung mit drei Betrügern (der Uniformierte und die beiden Fahrer) hinter mich gebracht habe. Drittens: Gott schaut, wo ein Christ in der Nähe ist mit einem sensiblen Herzen für Gottes Stimme, den er zu mir schicken kann. Viertens: Gott ist in Aktion und kümmert sich um mich. Egal, wo ich bin auf der Welt.

Alexander Garth, geboren 1958, Pfarrer in Sachsen. Nach erfolgreicher Gemeindegründungsarbeit in Thüringen und Berlin heute Gemeindepfarrer in Wittenberg, der Stadt Martin Luthers.

Iris Macke

Ich glaube, ja!

Pastorentochter zu sein ist nicht immer schön. Vor allem, wenn die Mutter die Pastorin ist – Mitte der 1970er-Jahre, als es noch ganz ungewöhnlich war, dass Frauen arbeiteten und sich nicht ausschließlich um Haus und Kinder kümmerten. Je älter ich wurde, desto mehr fühlte ich mich beobachtet. Hat Frau Pastor ihre Kleinen auch im Griff?

Es hatte aber durchaus auch Vorteile: Viele Menschen kannten mich und es gab öfters mal etwas zum Naschen extra. Ich war präsent in der Gemeinde: Kindergottesdienst, Briefe für die Ehrenamtlichen austragen, Jugendarbeit, Fahrten zu Kirchentagen. Jesus war der Kumpel aus Kindergeschichten, der – ähnlich wie im Märchen – Wunderdinge tat. Sein Vater, Gott, hatte uns Menschen lieb. Für mich gab es keinen Grund, das infrage zu stellen.

Ich empfinde es heute als Geschenk, dass das immer noch so ist. Mein Glaube blieb tatsächlich einfach da. „Warum glaubst du denn?" Wie oft habe ich diese Frage gehört, gerade als junge Erwachsene. Meist habe ich dann geantwortet: „Warum denn nicht? Kannst du mir beweisen, dass es keinen Gott gibt, der uns Menschen liebt?" Diese Grundannahme blieb, auch nachdem ich in meinem Theologiestudium viele systematische Entwürfe durchgearbeitet hatte.

Mein Glaube bereichert mein Leben im Alltag und in Grenzsituationen. Ich bin Mutter von drei Kindern. Alle drei sind getauft.

Kritische Freunde fragten: „Warum lasst ihr sie nicht später selbst entscheiden, ob sie einer Religion angehören wollen?“ Natürlich werden sich unsere Kinder später noch einmal selbst entscheiden, ob sie das wollen. Dafür gibt es in unserer Kirche die Konfirmation. Doch um dafür oder dagegen zu sein, sollten sie wissen, womit sie es zu tun haben. Deswegen kann ich meinen kritischen Freunden auch antworten: „Nur was mir vertraut ist, kann ich annehmen oder ablehnen.“

Ich glaube: Für unsere Kinder ist ein menschenfreundlicher Gott, wie ihn die christliche Tradition vermittelt, eine echte Bereicherung. Kinder werden stark durch verlässliche Bindungen. Die Taufe ist Gottes Zusage: Hier ist einer, der dich liebt, mit all deinen Fehlern und Schwächen. Was auch immer dir mit Menschen geschehen mag: Es gibt etwas, das maßgeblicher ist als alles, was dir in dieser Welt begegnet. Wer sich so angenommen weiß, hat eine feste Basis. Von dort aus kann er neugierig und unternehmungslustig die Welt entdecken, darf fragen und auch zweifeln. Heute singen meine Kinder das Lied, das ich auch damals schon gesungen habe: „Gott sagt zu dir: Ich hab dich lieb. Ich wär so gern dein Freund! Und das, was du allein nicht schaffst, das schaffen wir vereint.“

Wir dürfen unsere Kinder aufwachsen lassen in der Geborgenheit christlicher Rituale. Sie bieten Heranwachsenden, die täglich von neuen Eindrücken überflutet werden,

Halt und Orientierung. Als unsere Kinder kleiner waren, zeichnete ich ihnen abends mit dem Finger ein Kreuz auf die Stirn. „Schlaf gut. Gott segne dich." Heute gestalten Gebete den Tagesablauf mit: Im Tischgebet danken wir Gott und bekennen, dass Wachsen und Gedeihen nicht in Menschenhand liegen. Wenn wir mit unseren Kindern beten, zeigen wir ihnen: Selbst große Menschen müssen ihr Leben nicht alleine schaffen, sondern können es in Gottes Hand legen.

Das hat auch mir als erwachsener Frau geholfen, zum Beispiel als mein Vater starb. Natürlich schützt mein Glaube mich nicht vor Trauer oder Schmerz. Er ist kein Trost „to go". Aber der Gedanke tat gut, als der Abschied wehtat: Vielleicht sind wir in der Ewigkeit tatsächlich wieder mit denen zusammen, die wir lieben. Mein Vater war ein tief religiöser Mensch. Für ihn gab es keine Zweifel: Die Dimensionen des Ewigen sind mit menschlichen Kategorien nicht fassbar. Mich daran zu erinnern, linderte meinen Schmerz.

Es gab in der Trauer auch Momente, in denen kein Trost zu helfen schien. Da war ich froh, beten zu können. Meine Hilflosigkeit zu formulieren und an jemanden zu richten, von dem Menschen schon vor Jahrtausenden gesagt haben: „Der dich behütet, schläft nicht" (Psalm 121,3).

Gott ist nicht für alles verantwortlich, was mir in dieser Welt geschieht. Ich bin ein Mensch mit freiem Willen und Geist. „Wie kann Gott so etwas zulassen?", diese Frage ist mir vertraut, gerade im Hinblick auf schwer fassbares menschliches Leid. Natürlich kann ich sie nicht beantworten. Ich kann sie aber an ihn selbst stellen: „Gott – wie kannst du so etwas zulassen?“ Gott bleibt mein Ansprechpartner, auch in Lebenslagen, die ich nicht verstehe. Das tut gut – an ein Gegenüber zu glauben, bei dem ich klagen, mit dem ich hadern und dem ich danken kann.

Für mich sind es tatsächlich solche greifbaren Situationen, in denen mir bewusst wird, wie sehr mein Glaube mein Leben bereichert. Seit über elf Jahren bin ich Redakteurin in einem gemeinnützigen, missionarischen Verein, der Initiativen zum Kirchenjahr anbietet. Wir publizieren den Adventskalender ‚*Der Andere Advent*‘, den auflagenstärksten seiner Art. In unseren Aktionen und Projekten bemühen wir uns, authentisch von unserem Glauben zu sprechen, um andere Menschen zu berühren und dadurch neugierig zu machen. Viele lassen sich davon ansprechen, selbst wenn sie der Kirche schon lange fernstehen. Und manchmal entdecken sie ein Geschenk wieder, das lange verborgen in ihnen geschlummert hat: die erlösende Gewissheit, dass wir Menschen nicht alles lenken müssen.

Iris Macke, geboren 1973, ist Redakteurin beim Verein „Andere Zeiten“, der u. a. den Adventskalender ‚Der Andere Advent‘ *herausgibt. Sie lebt mit ihrem Mann und drei Kindern in Pinneberg bei Hamburg.*

Friederike Garbe

Wie David mit der Steinschleuder

„Ich komme zu dir im Namen des lebendigen Gottes." Das waren Davids Worte, bevor er gegen den Riesen Goliat kämpfte und siegte. Daran erinnert mich ein Erlebnis mit Günther Jauch.

Es beginnt mit einem Anruf von RTL, mit einer Einladung zur Jubiläumssendung von ‚*Wer wird Millionär?*'. Meine Tochter ist am Telefon. „Wie bitte, meine Mutter möchten Sie einladen? Das können Sie vergessen!"

Ein paar Tage später der zweite Anruf. Jetzt bin ich am Telefon. Die Einladung wird wiederholt, mit der Begründung: „Wir suchen Menschen aus Deutschland mit besonderem sozialem Engagement."

Seit 1995 bin ich 1. Vorsitzende des Vereins „Leben Bewahren Lübeck e.V." und Leiterin des Agape-Hauses. Wir haben mit unserer Familie 1995 in einem alten Kaufmannshaus in Lübeck eine Lebensgemeinschaft für Mütter, Kinder und Schwangere in Not gegründet. Seitdem haben wir etwa 230 Mütter, Babys und Kleinkinder aufgenommen und als Familie mit ihnen unser Leben geteilt. Seit 2003 haben wir in unserer Babyklappe außerdem 16 Neugeborene in Empfang genommen.

Vielleicht sind es Erfahrungen in meiner eigenen Kindheit, die mich zu diesen Menschen hinziehen. Als ich zwei Tage alt war, ist meine verwitwete Mutter mit mir, meiner

Schwester und meiner Großmutter zum Ende des Zweiten Weltkriegs bei minus 17 °C auf die Flucht gegangen. Als Kind habe ich es stark empfunden, von meiner Mutter nicht geliebt zu sein. Ohne mich hätte sie es leichter gehabt. Immer war da dieses Gefühl, eine Last zu sein. Erst als ich selbst schon Mutter war, verstand ich während eines christlichen Seminars, dass ich von Gott von Anfang an geliebt war. Da habe ich Heilung und inneren Frieden gefunden.

Sicher verbindet mich meine eigene Geschichte mit Kindern und Müttern in schwierigen Lebenssituationen. Zu ihnen fühle ich mich hingezogen, ihre Not geht an mein Herz, ihnen will ich im Agape-Haus einen Ort der Liebe und Geborgenheit anbieten.

Das ist also die Geschichte, warum RTL auf mich kam.

Nach dem zweiten Anruf stelle ich mir zwei Fragen:

1. Würde ich Gott zutrauen, mit mir Erfolg zu haben?

2. Würde ich mich trauen, vor einem Millionenpublikum eventuell zu versagen?

Im Agape-Haus könnten wir die „Millionen“ ganz sicher gut gebrauchen.

Nach längerem Ringen entscheide ich mich für ein Ja auf beide Fragen.

Ich fahre zum Casting.

Der Kommentar meiner Gesprächspartnerin am Schluss: „Wir haben viele interessante Kandidaten, eine Entscheidung wird schwierig werden.“

Ich mache mich beruhigt auf den Heimweg.

Wenige Tage später der Anruf vom Sender: „Für die

Jubiläumssendung laden wir Sie als Kandidatin herzlich ein.“ Jetzt gibt es kein Zurück.

Ausschließlich gefragt sind jetzt Mut und Glaube!

Kurz vor meinem Geburtstag mache ich mir ein Geschenk, ein Armband mit zwei Gottesnamen: „El roi“ – „der Gott, der mich sieht“, und „El schaddaj“ – „der große und ewige Gott“. An diese beiden hebräischen Namen Gottes zu denken, stärkt mich.

Zu dritt fahren wir nach Fürth ins Studio, mein Mann, unsere Tochter und ich. Dort bekomme ich eine Sonderschulung wegen mangelnder Kenntnis der Sendung.

Mit hochroten Ohren sitze ich anschließend in der Garderobe. Mein Problem war und ist es auch heute noch, dass ich computerunerfahren bin und bei der Bedienung entsprechend langsam reagiere. Das jedoch ist entscheidend für die Reihenfolge der Kandidaten.

Die Begrüßung von Herrn Jauch ist dementsprechend: „Naah, wollen wir denn auch noch mal?“ In seiner freundlichen Art stellt er mich dem Publikum vor.

Ich sage leise: „Herr Jauch, ich spiele nicht auf Risiko.“

Er darauf: „Machen Sie mal, das wird schon.“

Es folgt mein strahlender Auftritt vor der Kamera und ein inständiges Gebet: „Jetzt bist du dran, du musst treffen!“

Ich sitze auf dem Stuhl.

Herr Jauch: „Frau Garbe, Sie sagten vorhin, Sie möchten ohne Risiko spielen. Kann es sein, dass Sie die Sendung nicht richtig kennen?“

„Doch, inzwischen habe ich sie im Internet zweimal angesehen."

Schmunzeln bei Herrn Jauch und dem Publikum.

Es geht los.

Die erste Frage für 50 Euro. (Im Nachhinein erfahre ich, dass mein Mann zu unserer Tochter sagte: „Wir können nach Hause fahren, das weiß sie nicht.")

Doch ich antworte richtig.

Es geht weiter, Fragen und Antworten, einmal mithilfe des Publikumsjokers, bis zur Summe von 64.000 Euro.

Jetzt kommt eine Frage, die ich für mich richtig beantworten könnte, allerdings mit fünfprozentigem Fragezeichen.

Herr Jauch ermutigt mich, alle noch zur Verfügung stehenden Joker zu befragen. Mein Telefonjoker und auch die Jubiläums-Prominentenjoker sind sich aber nicht sicher.

So beschließe ich: „Herr Jauch, ich höre auf." 64.000 Euro sind ein großer Gewinn.

Das gewonnene Geld wird dringend für unsere Arbeit im Haus gebraucht, damit es weiterhin für Menschen in Not erhalten bleiben kann. Für mich gibt es ein Navigationsgerät fürs Auto und ein medizinisches Trampolin zur Erhaltung meiner Beweglichkeit.

Doch der größte Gewinn für mich ist die Erfahrung der Hilfe Gottes. Ihm habe ich vertraut und mich getraut.

Am Tag nach der Sendung erscheinen die ‚*Lübecker Nachrichten*' mit dem Titelfoto von Günter Jauch und mir und der Bildunterschrift: „Jauch: 64.000 Euro für Lübecks Baby-Retterin".

Mein Fazit: Man darf Gott mehr vertrauen als den Menschen.

Friederike Garbe, geboren 1945, gründete zusammen mit ihrem Mann 1995 das Agape-Haus in Lübeck, wo alleinerziehende Mütter, Kinder und Babys (Babyklappe) aufgenommen werden. Die Arbeit wird durch Spenden finanziert. www.agape-haus-luebeck.de

Steffen Bilger

Zwischen Hoffnung und Erwartung

Häufig werde ich gefragt, welche Haltung ein Christ zur Politik haben sollte oder wie es um die Vereinbarkeit von Politik und Christsein in unserer immer komplizierteren Welt steht. Persönlicher Glaube einerseits und politisches Handeln andererseits scheinen mehr oder minder Gegensätze zu sein, die sich gegenseitig ausschließen. Für mich steht aber eindeutig fest: Das Leben als Christ und politisches Engagement passen durchaus zusammen.

Zur Politik bin ich über das Engagement in der Jugendarbeit gekommen. Die Zeit in der kirchlichen Jugendarbeit, in Vereinen und im Stadtjugendring meiner württembergischen Heimatstadt hat mich gelehrt, dass man sich einsetzen muss, um etwas für andere oder einen selbst zu erreichen. In der Jugendarbeit lernen viele Jugendliche, dass es nicht nur darauf ankommt, christliche Überzeugungen persönlich zu leben, sondern diese auch ganz praktisch für die Gemeinschaft einzubringen.

Die Politik braucht Menschen mit Idealen, mit festen Überzeugungen, die sich engagieren. Nach meinem Verständnis brauchen wir insgesamt mehr Menschen, die sich ihrer Verantwortung vor Gott und den Menschen bewusst sind. Wir brauchen Menschen, die sich für das Christentum und seine Werte in der Gesellschaft und eben auch in den politischen Organisationen einbringen.

Viele Bürger haben an einen Politiker Hoffnungen und Erwartungen. Besonders drückt sich das in der großen Anzahl an Briefen und E-Mails aus, die einen im Laufe der Zeit zu den verschiedensten Themen erreichen. Die Erwartungen an einen Politiker sind vielseitig, manche Hoffnungen werden enttäuscht. Manchmal, weil die Erwartungen sehr groß sind, manchmal, weil es nicht anders geht, manchmal, weil keine Mehrheit zu finden ist oder weil das unbedingte Engagement fehlt. Mein Bestreben ist es, Hoffnungen nicht zu enttäuschen, aber es allen recht zu machen, ist nicht möglich.

Das Bewusstsein der „Verantwortung vor Gott und den Menschen" ist in der Präambel unseres Grundgesetzes festgeschrieben. Als Abgeordneter bin ich den Wählern in meinem Wahlkreis und dem deutschen Volk verpflichtet. Es geht aber noch um mehr. Es geht um die Verantwortung vor Gott.

In der Bibel finden sich zahlreiche Verweise, dass sich um die Welt zu kümmern ist und gekümmert wird. Jesus Christus stellt uns in die Welt, um der Gesellschaft die Würze zu geben. Christen können in dieser Welt den Unterschied ausmachen. Christen sind damit Antwort auf eine Welt voller Unfrieden und Egoismus. Der Glaube an Gott ist für mich der Motor der Maschine des Lebens. Er ist mein Antrieb, meine Kraftquelle.

In den Sitzungswochen des Bundestages gibt es jeden Freitag ein ökumenisches Gebetsfrühstück, zu dem Abgeordnete aller Fraktionen zusammenkommen. Mein Kollege Josip Juratovic hat in diesem Buch bereits davon erzählt. Nach dem Lesen des Losungstextes, einer Andacht und dem anschließenden Gespräch darüber gehen die Abgeordneten am Ende mit dem Vaterunser auseinander. Dabei merken wir, dass der Glaube Orientierung stiftet. Die Bibel dient dabei als Kompass für zu fällende Entscheidungen. Den Sitzungssaal unserer Fraktion im Deutschen Bundestag prägt ein großes Eisenkreuz des Radolfzeller Bildhauers Markus Daum. Die Fraktion versammelt sich bewusst unter dem Kreuz. Es trägt uns. Es ist *das* Fundament unserer Entscheidungen.

Wir leben in einer Demokratie, in der es verschiedene Weltanschauungen und Glaubensrichtungen gibt. Daher geht es in der politischen Arbeit nicht ohne die Kunst des Kompromisses, des Machbaren. Für mich ist dabei ganz klar, dass manchmal ein vielleicht fauler Kompromiss besser ist als keiner. Jesus Christus hat uns beauftragt, so zu leben, wie er es uns vorgelebt hat. Trotzdem ist das wohl unmöglich, auch nicht in der Politik. Ist denn jetzt die Alternative, es gar nicht erst zu versuchen?

Im politischen Alltag als Abgeordneter wird deutlich, dass es so etwas wie „christliche Politik“ gar nicht gibt, ja auch nicht geben kann. Präimplantationsdiagnostik, Sterbehilfe, Flüchtlingskrise, Bundeswehreinsätze – das alles sind Themen, bei denen auch Christen kontrovers über den richtigen Standpunkt diskutieren. Für mich geht es darum, meine Verantwortung vor Gott und den Menschen ernst zu nehmen, mich mit politischem Sachverstand an christlichen Grundwerten zu orientieren und damit für unser Gemeinwesen einzusetzen. Darum geht es als Christ in der Politik. Dafür stehe ich ein. Das ist mein Auftrag.

Martin Luther und Dietrich Bonhoeffer waren Menschen, denen klar war, dass sich Christen für ihre Gesellschaft einsetzen sollen. Jesus Christus hat zwar darauf hingewiesen, dass die wahre Heimat eines Christen nicht auf der Erde sei – aber dass wir uns trotzdem für unsere Umgebung einsetzen sollen. Mich motivieren in diesem Zusammenhang biblische Persönlichkeiten wie Josef oder Daniel aus dem Alten Testament der Bibel. Beide haben Treue zu Gott und politische Verantwortung nicht gegeneinander ausgespielt, sondern das eine zum Wohl des anderen genutzt. Josef und Daniel konnten durch den Glauben und das Gebet Gottes Willen hören und sie nutzten ihren politischen Einfluss, um diesen in der Gemeinschaft umzusetzen.

Ich werbe um Verständnis für die Politik und Politiker, für die Zwänge und die zu treffenden Abwägungen und Entscheidungen. Christen sollen sich aktiv für das Gute einsetzen, mit dem, was Gott ihnen gegeben hat. Christen sollen sich einbringen, Verantwortung übernehmen, für die Verantwortlichen beten und „der Stadt Bestes“ suchen. Ich weiß mich von Christen im Land im Gebet getragen. Dieses Gebet ist enorm wichtig für uns Politiker. Das macht Mut und es tut gut, sich getragen zu wissen.

Steffen Bilger, geboren 1979, Jurist, ist Mitglied der CDU/CSU-Fraktion im Deutschen Bundestag. Er lebt in Ludwigsburg und Berlin.

Nick Vujicic

Dein Leben ohne Limits

50 Powerstarts in den Tag

160 Seiten, Taschenbuch

ISBN 978-3-7655-4238-1

Wer im Vertrauen auf Gott jeden Tag anpackt, dessen Leben kennt keine Limits! Das beweist Nick Vujicic in diesem Buch. In seinen 50 Powerstarts für den Tag motiviert der Bestsellerautor dazu, den Kopf nicht in den Sand zu stecken, sondern den eigenen Träumen zu folgen.